KB038451

제시 리버모어 투자의 원칙

옮긴이 **우진하**

삼육대학교 영어영문학과를 졸업하고 성균관대학교 번역 테솔 대학원에서 번역학 석사 학위를
취득했다. 한성 디지털대학교 실용외국어학과 외래 교수를 역임했으며, 현재는 출판 번역 에이전
시 베네트랜스에서 전속 번역가로 활동하고 있다.
옮긴 책으로는 『초월』 『2030 축의 전환』 『어떻게 마음을 움직일 것인가』 『동물농장-내 인생을 위
한 세계문학 5』 『고대 그리스의 영웅들』 『내가 너의 친구가 돼줄게』 『크리에이티브란 무엇인가』
『탁월함은 어떻게 만들어지는가』 등이 있다.

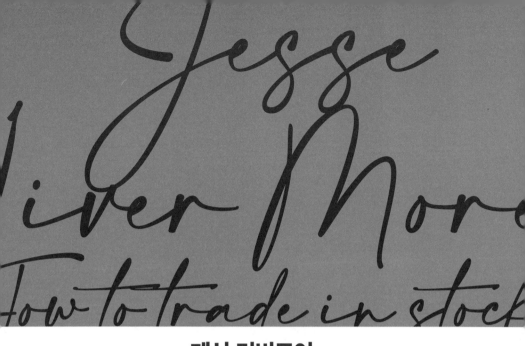

제시 리버모어
투자의 원칙

제시 리버모어 지음 | 우진하 옮김 | 박병창 감수

page2

| 일러두기 |

1. 이 책은 제시 리버모어가 직접 쓴 『제시 리버모어 투자의 원칙(How to Trade in Stocks)』과 리처드 와이코프의 『제시 리버모어 투자의 기술(Jesse Livermore's Methods of Trading in Stocks)』을 합본하였습니다.

2. 와이코프가 『제시 리버모어 투자의 기술』에 쓴 서문을 이 책의 앞(10~11쪽)에 배치하였습니다.

3. 이 책에서 켄 피셔의 『시장을 뒤흔든 100명의 거인들』 내용을 일부 인용한 구절이 있습니다. 135쪽 제임스 R. 킨과 191쪽부터 193쪽의 제시 리버모어 소개 글입니다.

4. 인명과 지명, 투자 용어는 되도록 현행 외래어 표기법을 따랐습니다. 그러나 내용을 좀 더 이해하기 쉽게 관용적 표현을 쓴 것도 있습니다.

5. 이 책에서 주석은 모두 편집자주입니다.

"월스트리트에서는 아무것도 변하지 않는다.
모든 것이 변해도 주식시장이 변하지 않는 건
바로 인간의 본성이 절대로 변하지 않기 때문이다."

_ 제시 리버모어

여전히 통하는
제시 리버모어의 투자 원칙

사실 내가 주식 시장에 입문하여 가장 영향을 많이 받은 역사적인 투자자는 '윌리엄 오닐'과 함께 '제시 리버모어'였다. 역사적인 '투기꾼'으로 비판적인 시각도 있지만, 시장을 바라보는 관점은 여느 투자의 구루보다도 현명하다고 생각한다. 그러한 의미에서 「월가의 영웅들」 시리즈 중 첫 번째 도서인 『제시 리버모어 투자의 원칙』을 다시 한번 읽는 것은 흥미로웠다.

외부 영향력이 큰 주식 시장의 온갖 사건과 사고, 이론, 지표, 내부 메커니즘, 경기 사이클 등을 복잡하게 다루어 오히려 투자자 스스로 판단할 수 없게 만드는 많은 이론서가 있다. 리버모어는 그러한 복잡하고 어려운 분석에서 벗어나, 시장 안에서의 가격과 거래량으로 간단·명료하게 전환점의 판단법을 설명하고 있다. 전환점으로 판단되었을 때 매수 및 매도하는 간단한 방법론도 제시한다. 대부분의 투자자들은 분석가도, 투자의 고수도 아니다. 전문가가 되려 하지 말아야 한다.

투자 원칙을 시장 안에서 가격과 거래량 그리고 투자자들의 심리로 읽어 내야 한다는 나의 투자관은 아마도 리버모어를 비롯한 투기자들로부터 알게 모르게 영향을 받았을 것으로 생각된다.

이 책은 리버모어의 투자 초년기부터 실패와 성공의 심리적 경험을 설명함으로써 투자자의 심리를 일깨워 준다. 그가 투자했을 당시와 지금의 투자 환경은 너무나 달라져 있다. 그럼에도 그의 이론을 후대에 이르기까지 읽는 것은 주가 움직임의 기본 원칙은 여전히 변함없기 때문이다. 그것은 바로 투자자들의 심리가 반영된 수급, 그 수급에 연동하는 주가 움직임, 주가 움직임이 만드는 추세와 반전은 100년이 지났지만 여전히 같기 때문이다. 리버모어의 이론은 복잡한 투자 이론이 아닌 현실적인 매매 원칙을 공부하는 데 도움이 될 것이다.

박병창

『박병창의 돈을 부르는 매매의 심리』 저자

투자 고전인 「월가의 영웅들」 시리즈는 투자자 스스로 가치를 깨닫고 자신만의 투자 철학을 정립하는 데 도움을 줄 것이다. 「월가의 영웅들」 시리즈 첫 책은 제시 리버모어가 직접 집필한 유일한 책 『제시 리버모어 투자의 원칙』이다.

주식, 부동산, 파생상품, 가상화폐, 외환시장 등에서 큰 성공을 거둔 투자의 고수들은 한결같이 제시 리버모어의 매매 원칙을 따른다.

『제시 리버모어 투자의 원칙』은 실패할 수밖에 없는 인간의 본능과 투자 습관이 무엇인지 정확히 나열하고 있으며, 성공투자를 위해서는 시장의 흐름에 어떻게 대응해야 하는지 그에 관련된 주옥같은 방법론이 담겨 있다.

_ 박세익, 체슬리투자자문 대표이사

「월가의 영웅들」 시리즈는 투자에 있어서 깊이 있는 태도를 배울 수 있는 고전이다. 주식 투자는 가치투자와 모멘텀 투자로 나눌 수 있다. 우리나라의 주식시장은 모멘텀 투자가 주를 이루기 때문에 모멘텀 투자에 관하여 공부가 필요하다. 가치투자의 전설은 워런 버핏이지만 모멘텀 투자의 전설은 제시 리버모어다. 그렇기에 이 책은 모멘텀 투자의 교과서라고 할 수 있다. 모멘텀 투자를 통해 큰 부를 일군 그만의 투자 원칙과 투자 방법이 깊이 있게, 그리고 무척 쉽게 쓰여 있다.

"주식에 왕도란 없다. 기본기에 충실해야 한다." 워런 버핏도 제시 리버모어도 한결같이 강조한 말이다. 모멘텀 투자의 기본기를 배우는데 이보다 훌륭한 책은 없다.

_ 염승환, 이베스트투자증권 디지털사업부 이사

시장의 흐름을 읽는 일에 천재성을 타고났지만 자신을 갈고 닦는 일에도 게을리하지 않았던 제시 리버모어는 그렇게 스스로를 단련한 후에야 비로소 주식시장에서 성공을 거둘 수 있었다. 그는 일반 사업가들과 마찬가지로 특정 상품에 대한 앞으로의 수요를 정확하게 예측하고 매수를 했다가 이익이 실현될 때까지 참을성 있게 기다렸다. 그리고 어디까지나 합법적인 범위 내에서, 상품이나 혹은 증권의 공급 과잉을 예측해 공매도를 시도하기도 했다. 그는 이렇게 말했다.

"성공에 왕도는 없다. 경제를 비롯해 모든 상황과 관련된 기본 지식을 쌓지 않는다면 결코 성공을 거둘 수 없다."

천재적인 자질을 타고 나지 않은 일반 투자자도 주식시장에서 어느 정도 성공을 거둘 수 있다는 그의 주장은 시사하는 바가 크다. 실제로 일반 투자자들에게 리버모어의 매매 원칙은 많은 도움을 준다. 그 이유로는 시장과 거래 환경, 자금 환경, 그리고 기업의 분석에 영향을 미치는 요소 하나하나 주의 깊게 연구한 결과물이기 때문이다.

리버모어는 지난 오랜 세월 동안 월스트리트라는 거친 바다를 헤치며 살아남은 탁월한 투기꾼으로 여겨졌고, 나는 그런 리버모어의 과학적인 투자 기법은 물론 그의 냉정하고 계산적인 분석과 연구를 크게 칭찬해왔다. 리버모어와의 대담을 통해 나는 그의 견해와 생각보다 더 많은 부분에서 일치한다는 사실을 알게 되었다. 대담 이후 나의 시장 분석은 전보다 가치 있고 중요한 것이 될 것으로 본다.

리처드 D. 와이코프 Richard D. Wyckoff[01]

---

01 리처드 D. 와이코프(1873.11.02~1934.03.07) : 《월스트리트 매거진(The Magazine of Wall Street)》의 설립자이자 편집장이었던 그는 당시 투자와 투자 기법을 소개하여 최고 권위자로 인정받았다. 『리처드 와이코프 투자의 원칙(How I Trade and Invest in Stocks and Bonds)』(12월 출간 예정)을 집필했고, 그가 고안한 '와이코프 패턴'으로 유명하다. 자신만의 비법을 공개한 와이코프는 리버모어의 투자 원칙을 소개하고 확인할 수 있는 자격을 갖춘 대가이다.

· 차례 ·

1부
제시 리버모어 투자의 원칙

2부
제시 리버모어 투자의 기술

3부
제시 리버모어 투자의 원칙 해석

How to Trade in Stocks

제시 리버모어
투자의 원칙

_ 제시 리버모어 Jesse Livermore

'추세매매의 아버지'와 '월스트리트의 큰 곰'이라 불린 제시 리버모어는 모멘텀 투자에
있어서 가장 성공했던 대가이다. 모멘텀 투자란 시장의 상승세와 하락세에 따라 기술
적 분석과 시장의 심리를 파악하여 추격매매하는 투자 방식을 말한다. 그가 왜 시장의
흐름을 파악해야 한다고 하는지, 평저하가 아닌 피라미딩 기법을 추천하는지 살펴보자.
제시 리버모어가 집필한 단 한 권의 책, 『제시 리버모어 투자의 원칙』에서 전설의 투자
전략을 확인해보자.

1장
투기라는 모험

---◆---

경마에서 한 번은 돈을 딸 수 있어도 매번 딸 수 없다.

_ 명언

투기는 이 세상에서 가장 매혹적인 게임이다. 그 사실을 부정할 수 있는 사람은 아무도 없다. 하지만 그와 동시에 투기는 게으르고 어리석으며 또한 감정을 제대로 다스리지 못하는 사람, 빨리 부자가 되고 싶어 안달하는 사람은 절대로 이길 수 없는 게임이다. 그런 사람들을 기다리고 있는 건 그저 가난하고 비참한 미래뿐이리라.

지난 오랜 세월 동안 나는 이런저런 모임에 참석했다가 잘 알지도 못하는 낯선 사람들이 짐짓 아무렇지도 않게 다가와 이런 질문을 던지는 경우를 숱하게 많이 보아왔다.

"주식시장에서 쉽게 돈을 버는 방법이 있을까요?"

좀 더 젊었을 때만 해도 나는 주식시장에서 그저 쉽고 빠르게 돈을 벌려는 사람들이 맞닥뜨리게 되는 모든 곤란한 상황을 설명하기 위해 진지하게 애를 쓰거나 아니면 그냥 예의만 갖춘 모호한 태도로 그 자리를 빠져나가는 일이 많았었다. 그때와 비교하면 최근 몇 년 사이 나의 태도는 상당히 무뚝뚝하고 직설적으로 변한 것 같다. "그런 방법 같은 건 나도 잘 모르오."

사실 그런 질문을 던지는 사람들에게 친절하게 대하기란 그리 쉬운 일은 아니다. 무엇보다 그런 질문 자체가 투자와 투기에 대해 과학적으로 연구해온 나 같은 사람에게는 썩 유쾌하지 않은 질문이다. 예컨대 변호사나 의사가 이런 질문을 받는다면 과연 어떤 기분일까?

"법원이나 병원을 통해서 돈을 쉽고 빠르게 벌 수 있는 방법이 있을까요?"

나는 제대로 된 방법을 소개한 지침이나 안내서만 주어진다면 주식시장에서 투자와 투기에 관심이 많은 사람들이 기꺼이 공부를 해 합리적인 수익을 얻으려 할 것이라는 확신을 점차 갖게 되었고 마침내 이 책을 쓰게 되었다.

이제 나는 이 책을 통해 평생에 걸쳐 겪었던 내 투기 경험의 중요한 부분들, 즉 각각의 실패와 성공 사례들은 물론 그 안에서 배웠던 교훈을 함께 나누려 한다. 그리고 이런 모든 내용은 결국 주식 거래에서 적확한 시간이라는 요소와 관련된 나의 이론을 나타내는데, 나는 성공적인 투기의 가장 중요한 요소를 바로 '시간'이라고 생각하고 있다.

본격적으로 이야기를 펼쳐나가기에 앞서 나는 우리가 기대하는 성공이란 스스로 기록을 남기고 생각하며 또 자신만의 결론에 도달하기 위해 쏟아붓는 정직하고 진지한 노력에 정비례한다는 사실을 꼭 알려주고 싶다. 예를 들어 "건강하게 사는 법"에 관련된 책을 제대로 읽은 사람이라면 아무런 노력 없이도 건강하게 살 수 있다고는 절대 말하지 않을 것이다. 같은 논리로 앞으로 내가 설명할 시간적 요소와 가격을 결합한 나의 매매 원칙을 충실하게 따르려는 사람이라면 아무런 노력도 하지 않고 제대로 된 자신만의 기록을 남길 수 있다고 결코 말할 수 없을 것이다.

나는 그저 사람들이 나아가야 할 길을 밝혀주는 사람에 불과하다. 그리고 그런 나의 안내를 통해 누군가 이 주식시장에서 자신이 투자한 돈보다 더 많은 수익을 거둘 수 있다면 그것만으로도 나는 만족한다.

지난 오랜 세월 동안 투자와 투기를 병행하며 배운 몇 가지 중요한 내용과 나만의 투자 원칙을 이 책을 통해 사람들에게 알려주려고 한다. 물론 때로는 미심쩍은 부분도 분명히 있을 것이다. 투기라는 게임에 뛰어들고 싶은가? 그렇다면 투기를 사업의 한 분야로 보고 그렇게 접근해야 한다. 다른 사람들처럼 투기 자체를 도박과 똑같다고 생각해서는 안 된다. 투기도 그 자체로 사업이나 마찬가지라는 나의 주장을 믿는다면, 그 사업에 뛰어드는 사람들은 스스로 얻을 수 있는 모든 정보와 자료들을 동원해 투기의 본질부터 최선을 다해 배우고 이해해야 한다.

지난 40여 년 동안 나는 투기를 성공적인 사업의 한 분야로 만들기 위해 전력을 다해 왔고 그 사업에 적용할 수 있는 새로운 규칙들을 찾아냈다. 나는 지금도 여전히 내 사업을 위해 열심히 노력하고 있다.

나는 매일 밤 왜 눈앞에서 벌어지고 있는 분명한 변화를 제대로 예측하지 못했는지를 후회하며 잠자리에 들었다. 그러고 나서 다음 날 아침이면 새로운 생각들과 함께 잠에서 깨어나곤 했다. 그런 새로운 생각들이 정말 가치가 있는지 확인하기 위해 눈을 뜨자마자 예전부터 정리한 과거의 기록들과 비교하며 살펴보았다. 물론 그렇게 내가 떠올린 새로운 생각이나 발상들 대부분 완벽하게 쓸모 있다고 말할 수는 없었다. 하지만 그런 내용들을 내 의식의 한구석에 저장해 두었고 그런 식으로 새로운 생각들이 떠오르면 바로 확인하고 저장해 두는 일을 지금까지 반복해왔다.

시간이 지나면서 이런저런 다양한 생각이 구체화되기 시작했고 그러면서 나 역시 일종의 지침이나 안내서가 될 수 있도록 그런 생각들을 기록으로 남겨 보관하는 실질적인 방법을 개발할 수 있었다.

나의 매매 이론과 방법, 그리고 실전에서의 적용은 개인적으로 만족스러운 결과로 이어졌다. 또한 주식이나 일반 상품의 투기 혹은 투자 분야에도 항상 오래된 진리가 적용된다는 사실도 확인되었다. 사업을 하다 보면 투기를 하지 말아야 할 때가 있는 것처럼 투기를 꼭 해야 할 때도 있는 법이다.

이쯤에서 정말 꼭 들어맞는 명언이 하나 떠오른다. 바로 "경마에서 한 번은 돈을 딸 수 있어도 매번 딸 수 없다"는 격언이다. 이건 주식도 마찬가지다. 투자와 투기를 통해 돈을 벌 수도 있지만, 매일 혹은 매주 매매에 나선다고 해서 그때마다 돈을 벌 수 있는 것은 아니다. 세상을 모르는 무모한 사람만이 매매를 할 때마다 돈을 벌 수 있다고 생각한다. 다른 게임과 비교해봐도 그런 일은 결코 일어나지 않는다.

성공적인 투자나 투기가 이루어지려면 관심 종목이 앞으로 어떤 움직임을 보일지에 대한 자신만의 의견이 있어야만 한다. 투기란 바로 그런 앞으로의 움직임을 예측하는 것이다. 그리고 그런 움직임을 정확하게 예측하려면 그럴만한 명확한 기준이 있어야만 한다. 그런데 여기서 반드시 잊지 말아야 할 것이 있다. 인간은 전적으로 감정을 따르는 동물이기에 대부분 그 행동을 예측할 수 없다는 것. 시장은 이러한 인간들이 움직이고 있다는 사실이다.

투기의 고수들은 시장의 상황이 자신들의 판단을 입증해주는 방향으로 움직일 때까지 참을성 있게 기다리고 또 기다린다. 예를 들어 시장과 관련된 어떤 소식이 발표됐을 때 이 소식이 시장에 미치는 영향에 관하여 한번 스스로 분석해보길 바란다. 특정한 소식이 시장에 미치는 심리적 효과를 직접 예측해보는 것이다. 이 소식이 주가의 상승 혹은 하락과 분명하게 연결될 수 있다고 판단되더라도, "시장이 자신의 판단이 옳았다는 사실을 확실하게 입증해줄 때까지는" 결코 바로 행동에 나서서는 안 된다. 그러한 소식이 자신의 예상만큼이나 시장에 별다른 영향을 미치지 않을 수도 있다. 시장이 정말로 움직일 때까지 섣부른 예측이나 행동을 하지 말라는 뜻이다. 스스로의 판단이 옳든 그르든 상관없이 조금 천천히 행동에 나서는 것이 혹시 있을지 모를 손해를 줄이는 데 더 도움이 된다.

좀 더 설명을 하자면, 일정한 기간에 시장이 확실한 움직임을 보인 이후라면 긍정적이거나 부정적인 어떤 소식도 시장에 거의 영향을 미치지 못한다. 아니, 혹시 영향을 미친다 해도 그저 일시적일 뿐이다. 바로 그 시점에서 시장이 과매수나 과매도 상태였다면 어떤 소식이든 별다른 영향 없이 그냥 묻혀버릴 가능성이 큰 것이다. 따라서 이런 경우 과거 유사한 상황이었을 때 주가가 어떻게 움직였는지에 관한 기록이 투기자나 투자자에게 더 귀중한 자료가 될 수 있다. 그러한 시장 상황에서 개인의 의견은 완전히 묻어두고 오직 시장 자체의 움직임에만 주목하자.

"사람들의 의견은 종종 빗나가기도 하지만 시장은 결코 틀린 적이 없다."

시장이 자신의 생각대로 움직이지 않는다면 어떤 의견이나 판단을 내려도 투자나 투기에는 아무런 도움이 되지 않는다. 결국 중요한 건, 시간 그러니까 한 사람 혹은 하나의 집단이 시장을 좌지우지할 수는 없다. 특정한 주식에 대한 의견을 낼 수도 있고 주가가 오르거나 떨어질 거라는 예측도 할 수 있다. 그리고 그런 의견이나 예측이 맞아떨어질 수도 있다. 너무 성급하게 결론을 내리고 행동한다면 큰 손해를 볼 가능성이 높다. 스스로 시장의 상황을 판단했고, 그 판단이 올바르다고 믿으며 곧바로 실행했는데 자산의 생각과 다른 방향으로 움직인다고 가정해보자. 시장이 위축되면 그런 상황에 깜짝 놀란 투기자 혹은 투자자는 이내 주변을 정리하고 시장에서 빠져나가려고 한다.

그런데 바로 며칠 뒤 시장의 상황이 괜찮게 돌아가기 시작하는 것처럼 보이자 또다시 시장에 발을 들인다면 기다렸다는 듯 상황이 다시 불리하게 전개된다. '내 판단이 잘못되었던 것일까?' '다시 모두 정리하고 빠져나가야 할까?' 그렇지만 이러한 성급한 행동을 비웃기라도 하듯 이번에도 시장은 전혀 다른 방향으로 전개되기 시작한다. 마침내 시장이 정말로 활기를 되찾았을 때 이 사람은 자신의 성급한 행동 때문에 두 번에 걸쳐 큰 실수를 저지른 셈이 되고, 그로 인해 완전히 위축된 마음에 더 이상 어떤 행동도 취할 수 없게 된다. 실제로 시장이 자신에게 유리하게 계속 움직여도 너무 성급하게 매매했던 탓에 결과적으로 손해를 보게 되는 경우다.

여기에서 내가 말하고자 하는 핵심은 특정한 주식의 움직임에 관한 판단을 내렸더라도 성급하게 행동에 나서지는 말라는 것이다. 일단 주가와 시장의 동향을 예측한 다음 시장이 그 예측을 확인해줄 때까지 참고 기다려야 한다. 확실하게 매수에 나설 수 있는 그런 신호가 떨어질 때까지 지켜보며 기다리라는 뜻이다. 이렇게 하려면 스스로 믿고 따를 수 있는 일종의 행동 지침 같은 것을 마련해둘 필요가 있다.

예를 들어 어떤 주식이 지금 한 주당 25달러에 매매되고 있으며 상당한 기간에 약 22달러에서 28달러 사이에서 움직이고 있다고 가정해보자. 그런데 이 주식의 가치를 개인적으로 한 주당 50달러 이상이라고 판단했다면 이 주식의 거래가 활발해지면서 주당 약 28달러에서 29달러 사이에서 신고가가 형성될 때까지 기다려야 한다.

그 정도는 되어야 비로소 시장에 대한 자신의 판단에 어느 정도 정당성을 부여할 수 있다. 즉, 이 정도면 이 주식의 가격이 안정권에 들어섰다고 판단할 수 있는 것이며, 안정권에 들어섰기 때문에 가격이 여기까지 올라온 것이다. 그렇게 일단 28달러나 29달러 사이에서 신고가가 형성됐다면 이후에도 주식의 가격이 확실하게 더 올라갈뿐더러 그러한 상승세가 계속 지속될 가능성도 커진다.

그러면 바로 그때가 자신의 판단을 믿고 행동에 나서야 할 때다. 이럴 줄 알았다면 애초에 25달러였을 때 매수를 했어야 한다는 그런 생각을 하며 아쉬워할 필요없다. 그런 생각을 하는 사람이라면 설사 앞날을 예측하고 가격이 25달러였을 때 주식을 매수했어도 가격이 올라갈 때까지 기다리지 못하고 이내 다시 주식을 매도할 가능성이 분명히 있다. 주가가 떨어질 기미가 보이자마자 이를 참지 못하고 25달러 이하의 가격으로 주식을 팔아버린 후 자신의 그런 행동에 화를 낼 가능성이 없다고 할 수 있을까? 또 정작 시장에 들어가야 할 때 다시 들어가지 못하는 그런 가능성은 어떤가?

지난 경험을 돌이켜 보면 나는 "주식이든 상품이든 매매를 시작했을 때부터 바로 이익을 보는" 투기에서 실제로 돈을 벌었다.

이런 나의 지난 경험들이 보여주는 사례에서 알 수 있듯 나는 이른바 '심리적 시간psychological time'에 맞춰 처음 매매를 시작했다. 심리적 시간이란 주가를 움직이는 동력이 매우 강해서 중간에 물러서는 일 없이 움직임이 계속해서 이어질 수밖에 없다고 여겨지는 바로 그런 시간이다. 이런 흐름이 지속되는 건 이 특정한 주식을 뒷받침하는 강력한 동력에서 비롯된 것이지 내가 그 주식의 매매에 뛰어들었기 때문이 아니다. 자연스럽게 그러한 흐름이 지속될 수밖에 없는 상황이었다.

다른 투기자들과 마찬가지로 나 역시 확실한 상황이 될 때까지 느긋하게 기다리지 못하고 성급하게 행동할 때가 많았다. 나도 다른 사람들처럼 언제나 이익을 보고 싶었다.

어쩌면 누군가는 이렇게 물어보지 않을까. "그렇게 경험이 풍부한 사람이 왜 그런 행동을 했습니까?" 이 질문에 대한 나의 대답은 나도 인간이기에 그런 인간적인 약점에서 벗어날 수 없다는 것이다. 다른 투기자들처럼 나 역시 조급한 마음이 들면 제대로 판단을 내리기 어렵다.

투기는 도박판과 대단히 비슷하다. 돈을 걸 때마다 그만큼 돈을 따고 싶다. 판이 벌어질 때마다 모든 판에 다 끼고 싶다. 그것이 바로 게임에 참여하는 우리 인간의 본성이다. 비록 정도의 차이는 있다 하더라도 우리는 모두 이런 비슷한 약점이 있으며 투자자 혹은 투기자에게는 이것이 가장 무서운 적이다. 이 약점을 이겨낼 수 없다면 결국 큰 손해를 보게 될 것이다.

"희망을 품는 것" 그리고 "두려움을 품는 것"도 인간만의 특성이다. 그렇지만 투기라는 사업에 희망과 두려움이라는 감정이 개입되는 순간부터 우리는 커다란 위험에 직면하게 된다. 이 두 가지 상반된 감정이 서로 뒤섞이면서 큰 혼란을 겪게 되기 때문이다.

예를 한 가지 들어보자. 30달러에 주식 한 주를 샀다. 그런데 그다음 날 주가가 갑자기 32달러 혹은 32.5달러로 뛰어올랐다. 이렇게 되면 우리는 다음 날 다시 주가가 떨어져 하루 동안 발생한 이익을 실제로 손에 넣게 되지 못할까 봐 갑자기 두려움에 휩싸이게 된다. 그래서 서둘러 주식을 처분해 그 얼마

안 되는 이익을 챙기려고 든다. 그렇지만 지금은 주가가 내려가는 것을 두려워하며 작은 이익을 챙길 때가 아니라 오히려 더 큰 이익이 발생할 것이라는 희망을 느긋하게 즐길 때다. 그 전날에는 존재하지도 않았던 2달러라는 이익을 잃을까 두려워할 이유가 어디 있겠는가? 단 하루 만에 2달러의 이익이 났다면 다시 그다음 날에는 2달러, 아니 3달러의 이익이 날 수도 있고, 또 다음 주가 되면 5달러의 이익이 날 수도 있지 않을까?

주가와 시장의 흐름이 제대로 된 방향으로 나아가고 있다면 얼마 되지도 않는 이익을 챙기기 위해 성급하게 움직여서는 안 된다. 자신의 판단이 옳았다는 것을 믿어라. 그렇지 않았다면 2달러라는 적은 이익조차 발생하지 않았을 것이다. 그저 그 흐름이 흘러가는 대로 맡겨두어라. 그러면 그보다 훨씬 더 큰 이익이 발생할 수도 있을 것이다. "시장의 흐름이 내가 전혀 염려하지 않아도 되는 방향으로 흘러가고 있는 한" 용기를 가지고 자신의 판단을 믿으면서 그대로 기다려라.

반면 30달러에 주식을 샀는데 다음 날 주가가 28달러가 되면서 2달러의 손해를 보았다면 어떨까. 그런데 보통 이런 경우에는 그다음 날 주가가 다시 떨어져 3달러 이상의 손해가 발생할까 봐 두려움에 떨지 않는다. 아니, 오히려 이건 그저 일시적인 현상일 뿐이며 다음 날이면 주가가 회복될 것이라고 생각한다. 그렇지만 사실 이때 정말로 염려해야 한다. 지금 2달러의 손해가 발생했으면 다음 날 또다시 2달러의 손해가 날 수 있고, 2주일 혹은 3주일 안에 5달러 혹은 10달러 이상의 손해로 이어질 수 있기 때문이다. 여기에서 빠져나오지 않으면 나중에 훨씬 더 큰 손해를 볼 수도 있기 때문에 지금이 가장 두려움을 느껴야 할 때다. 다시 말해, 지금은 더 큰 손해가 발생하기 전에 주식을 팔아 자신을 보호해야 하는 시점인 것이다.

"이익은 그냥 놔둬도 아무런 상관없지만 손해는 절대로 그냥 무시해서는 안 된다."

투기자는 처음 발생하는 일정 부분의 손해를 감수하더라도 더 큰 손해로 이어지는 일을 막아 스스로를 '보호'해야만 한다. 앞날을 위해 자신의 자본을 보존해야 하는데, 그렇게 하면 좋은 판단이 섰을 때 손해를 본 만큼 주식을 사들이며 다시 회복할 기회를 노릴 수 있기 때문이다.

이렇게 투기자는 스스로를 보호하는 일종의 보험 판매원이 되어야만 한다. 주식시장에서 이 투기라는 사업을 계속해나가려면 자신의 자본을 보호하고 보존해야 하며 절대로 다시 시장에 뛰어들 수 없을 정도의 손해가 발생하도록 내버려 두어서는 안 된다. 그래야만 올바른 판단이 섰을 때 다시 시장에 들어갈 수 있다.

성공한 투자자나 투기자라면 시장의 상황에 앞서 분명한 이유와 근거를 가지고 움직여야 한다는 것이 나의 지론이다. 또한 일정한 안내나 지침을 통해 언제 시장에 다시 들어가야 하는지 결정할 수 있는 역량도 갖추고 있어야 한다.

다시 한번 설명하자면 시장이 실제로 어떤 흐름을 타고 있다는 사실이 분명하게 드러나는 시기가 있다. 투기자로서의 본능과 함께 인내심도 강한 사람이라면 누구든 자신만의 올바른 원칙을 세울 수 있다. 그 원칙은 시장에서 살아남게 도와줄 거라 믿는다. 성공적인 투기는 단순한 주먹구구식의 게임과는 완전히 다르다.

성공을 계속해서 이어 나가고 싶은 투자자 혹은 투기자라면 자신을 이끌어줄 투자의 원칙은 반드시 마련해야만 한다. 물론 내가 만든 투자의 원칙이 다른 사람에게는 전혀 쓸모없는 것일 수도 있다.

그런데 그 이유가 궁금하지 않은가? 누군가에게는 그토록 중요하고 가치 있는 내용이 왜 다른 사람에게는 아무런 쓸모가 없을까? 이 질문에 대한 대답은 다음과 같다.

"어떤 지침이나 규칙도 완벽할 수 없기 때문이다." 내가 가장 선호하는 매매 원칙에 의지할 때 나는 어떤 결과가 나올지 이미 알고 있다. 내가 선택한 주식이 예상했던 것과는 다른 방향으로 움직인다면 나는 아직은 때가 무르익지 않았다고 판단하고 그 즉시 거기에서 손을 떼고 상황을 정리할 것이다.

아마도 며칠이 지난 뒤에 다시 나만의 투자 원칙에 따라 다시 시장에 들어갈 것이다. 이번에는 들어가기에 완벽한 시기가 될 것이다. 나로서는 누구든 시간적 여유를 가지고 가격의 동향을 분석한다면 이와 비슷한 자신만의 원칙 같은 걸 만들어낼 수 있으리라 생각한다. 이러한 원칙은 사업이나 투자를 진행하는 데 있어 아주 유용한 도구가 될 것이다. 나 역시 이 책에서 그동안 투기와 매매를 하면서 터득해온 나만의 귀중한 매매 원칙을 소개할 생각이다.

대부분의 주식 투자자들은 주가 상황판과 여러 평균 수치들을 이용한다. 투자자들은 현재의 주가 상승과 하락을 실시간 확인하는 것을 당연히 여긴다. 그렇지만 나는 개인적으로 당장의 상황을 알려주는 수치를 별로 선호하지 않는다. 이런 것들은 너무 복잡하고 혼동의 여지가 많기 때문에 나는 사람들이 주가 시세표를 바라보고만 있을 때 계속해서 주가의 변동을 기록한다. 물론 상황판을 주로 주목하는 사람들이 맞을 수도 있고, 그래서 내가 틀릴 수도 있다.

내가 계속해서 주가를 기록하는 쪽을 더 선호하는 이유는 이렇게 할 경우 앞으로 상황이 어떻게 전개될지 한눈에 들어오기 때문이다. 특히 시간이라는 요소의 중요성을 고려하기 시작하면서부터 비로소 나의 기록은 시장의 흐름을 예측하는 데 유용한 도구가 된다. 이 부분에 관해서 나중에 더 자세하게 설명하겠지만 어쨌든 이렇게 기록을 계속해 나가려면 무엇보다도 인내심이 필요하다.

다양한 주식 정보에 익숙해지고 나만의 주가 기록표에 시간이라는 요소를 적절하게 결합할 수 있게 된다면 곧 머지않아 중요한 흐름이 언제 일어날지 판단할 수 있는 역량을 갖추게 될 것이다. 자신이 기록한 내용을 정확하게 해석할 수 있다면 업종에 상관없이 선도주를 찾아낼 수 있다. 여러 번 강조하지만 남이 만들어 놓은 상황판을 주목하기보다는 자신만의 기록 작업을 계속해 나가야 한다. 기록만큼은 절대로 다른 사람에게 맡기지 말라는 뜻이다. 이렇게 기록을 해나가는 과정에서 얼마나 많은 새로운 생각들이 떠오르는지를 알게 된다면 아마도 모두 깜짝 놀랄 것이다. 이런 생각은 누구도 대신 전해줄 수 없는 자신만의 비법이며 이 비법을 혼자서 고이 간직해두어야 한다.

이 책에서 나는 투기자와 투자자들을 위한 '금기 사항' 몇 가지를 알려주고자 한다. 이런 중요한 금기 사항 중 한 가지가 바로 투기와 투자의 개념을 혼동하지 말라는 것이다. '비자발적 장기투자자Involuntary Investor'가 되어서는 안 된다. 투자자들이란 종종 단지 자신이 주식을 샀다는 이유 하나만으로 막대한 손실을 감수하곤 한다.

투자자라는 사람들이 이렇게 말하는 걸 종종 듣곤 하지 않았는가? "나는 주가 변동이나 추가 자금 투입 상황에서도 결코 염려하지 않는다. 나는 결코 투기를 하는 것이 아니니까. 나는 투자를 위해 주식을 샀으며 설사 지금 주가가 떨어진다고 해도 곧 다시 회복하리라 믿는다."

이런 낙관적인 투자자들에게는 불행한 일이지만 당장은 좋은 투자처라고 생각해 주식을 샀으나 시간이 흐르면서 상황이 급격하게 달라지는 경우가 많이 있다. 이른바 '투자용 주식 매매'가 결국 그냥 완전히 투기로 돌변하는 일이 많이 발생하는 것이다. 이런 주식 중에는 말 그대로 상장폐지가 되는 종목들도 있다. 원래의 '투자 의도'는 투자자의 자본과 함께 바람처럼 함께 사라진다. 처음에는 장기투자를 위해 사들인 주식도 앞으로 벌어질 새로운 상황에 따라 주식의 수익 능력이 현저하게 떨어질 수 있다는 사실을 제대로 깨닫지 못한 결과다.

투자자가 이런 상황의 변화를 알아차렸을 때는 이미 자신이 투자한 주식의 가치가 크게 떨어진 이후다. 그러므로 성공한 투기자가 투기에 나설 때 스스로 자산을 보호할 방법을 궁리하듯 투자자 역시 자산을 지키는 방법에 신경을 써야만 한다. 그렇게만 한다면 비록 '투자자'로 자처하는 사람들일지라도 상황의 변화 때문에 어쩔 수 없이 투기자로 내몰리거나 혹은 단단히 믿고 있던 자산의 가치가 급격하게 떨어지는 일을 막을 수 있을 것이다.

바로 몇 년 전까지만 해도 대부분의 사람은 돈을 그냥 은행에 예금하는 것보다는 뉴헤이븐앤하트퍼드철도회사New Haven & Hartford Railroad[01] 같은 곳에 투자하는 게 더 유리하다고 생각했다. 1902년 4월 28일을 기준으로 당시 뉴헤이븐철도회사의 주식은 주당 255달러였으며 1906년 12월 기준 밀워키앤세인트폴철도회사Milwaukee & St. Paul Railroad Company[02]의 주가는 199.62달러였다. 같은 해 1월의 시카고노스웨스턴Chicago Northwestern[03]의 주가는 240달러였다. 역시 같은 해 2월 9일 기준으로 그레이트노던철도회사Great Northern Railway[04]의 주가는 무려 348달러였다. 이 철도회사들의 배당금은 모든 주주를 만족시켰다.

그런데 이 철도회사들에 대한 '투자'는 지금 어떻게 되었을까. 1940년 1월 2일 기준으로 앞에서 언급했던 이 회사들의

---

01 뉴헤이븐앤하트퍼드철도회사(New Haven & Hartford Railroad) : 1872년부터 1968년까지 미국 동북부 뉴잉글랜드 지역에서 운영된 철도였다. 1969년 펜센트럴운송회사(Penn Central Transportation Co.)에 흡수되었다.
02 밀워키앤세인트폴철도회사(Milwaukee & St. Paul Railroad Company) : 1847년부터 1986년까지 미국 중서부 및 북서부까지 운행했다. 1986년 재정적인 어려움을 이기지 못하고 캐나다퍼시픽철도회사(Canadian Pacific Railway)의 자회사인 수라인철도(Soo Line Railroad)에 합병됐다.
03 시카고노스웨스턴(Chicago Northwestern) : 1859년부터 1968년까지 미국 중서부와 북서부를 운행했으며, 1895년까지 주행거리가 감소되다가 1995년 유니온퍼시픽철도(Union Pacific Railroad)에 인수 합병되었다.
04 그레이트노던철도회사(Great Northern Railway) : 현재 워런 버핏의 버크셔 해서웨이의 자회사인 BSNF철도회사(BNSF Railway)에 속해 있다. 현재 미국 전역 28개 주를 비롯해 캐나다 3개 주를 운행한다.

주가는 이렇다. 뉴헤이븐앤하트퍼드가 0.5달러, 시카고노스웨스턴은 0.31달러, 그리고 밀워키앤세인트폴의 경우 1월 5일 기준으로 0.25달러였다.

최고의 투자 가치를 자랑하다가 지금은 휴지 조각 신세가 되어버린 그런 주식들의 사례는 당장 떠오르는 것만도 수백 가지가 넘는다. 이렇게 투자 가치가 폭락하면서 이른바 가치투자자라고 자처하던 사람들의 자산 손실도 함께 눈덩이처럼 불어났다.

물론 주식시장에서는 투기자들도 손해를 본다. 그렇지만 이른바 투자자라는 사람들이 제대로 된 투자를 하지 못해서 보는 엄청난 손실에 비하면 투기자들이 피해를 보는 금액은 그야말로 미미하다고 해도 무방할 것이다.

나의 기준에서 투자자는 판돈을 아주 크게 거는 도박꾼이나 다름없다. 이들은 돈을 걸고 결과를 기다린다. 그리고 상황이 안 좋아지면 돈을 모두 잃는다. 투기자도 판에 돈을 거는 건 같다. 하지만 지혜로운 투기자라면, 게다가 기록을 꼼꼼하게 하는 투기자라면 뭔가 상황이 좋지 않다는 위험 신호를 감지할 수 있다. 그러면 이 투기자는 즉시 행동에 나서서 손해 보는 금액을 최소화할뿐더러 좀 더 좋은 판이 벌어질 때까지, 다시 말해 시장의 상황이 유리해질 때까지 기다릴 것이다.

한 번 주가가 떨어지기 시작하면 그 끝이 어디가 될지는 아무도 알 수 없다. 가격이 올라가는 경우도 마찬가지다. 그 끝을 짐작할 수 있는 사람은 아무도 없다. 이런 상황에서 사람들이 깊이 새겨두어야 하는 사항이 몇 가지 있다.

가장 먼저 주식의 가격이 높이 올랐다는 이유만으로 주식을 팔아서는 절대로 안 된다. 어떤 주식의 가격이 10달러에서 50달러까지 뛰어오르는 것을 확인했다면 그 가격의 상승 폭이 너무 높다고 판단할 수 있다. 유리한 수익 환경이나 해당 기업의 경영 상태 등에 따라 다시 50달러에서 150달러까지 가격이 뛰어오를 수 있다고 생각하고 매도 결정을 철회할 것인지 고민해야 할 순간이다. 오랫동안 지속되는 상승세 속에서도 그저 "너무 높다"는 판단 때문에 섣부르게 주식을 팔아 큰 손해를 보는 사람들이 적지 않다.

이와 마찬가지로 이전의 수준에서 가격이 지나치게 많이 떨어졌다는 이유로 주식을 사들여서는 절대 안 된다. 그렇게 주가가 떨어졌다면 분명 그럴만한 이유가 있을 것이다. 그 주식의 현재 가격 수준이 낮아 보일지라도 그 실질적인 가치와 비교할 때 여전히 과도하게 높은 가격에 판매되고 있다고 생각할 수 있어야 한다.

이전에 있었던 상승 범위는 그만 잊고 시간 요소와 자금 관리 방식을 결합한 공식을 바탕으로 해당 주식에 대해 연구해야 한다. 내가 제시한 투자의 원칙을 보고 많은 사람이 놀랄 수도 있다. 나는 내 주가 기록표를 살펴보며 상승세가 진행 중이라고 판단하면 목표로 한 주식이 "그런 상황에 대해 일반적으로 반응을 한 후 신고가를 경신했을 때" 바로 그 주식을 매수한다.

물론 주식을 정리하는 매도 포지션을 취할 때도 이와 똑같은 원칙을 적용한다. 왜냐고? 그건 당장 일어나고 있는 흐름인 추세를 따르는 것이 나의 방식이기 때문이다. 나의 기록은 내가 어떤 행동에 나서야 할지를 알려준다. 나는 보유하고 있는 주식의 주가가 떨어진다고 해서 사들이지 않고 또 올라간다고 해서 무조건 처분하지 않는다. 이 사실을 기억하자.

"첫 번째 매매에서 손해를 봤는데도 다시 매매에 나선다면 그것만큼 어리석고 무모한 일은 없다." 또 한 가지 명심할 사실은 '손실 균등(물타기)'을 절대로 시도해서는 안 된다는 것이다.

2장
주가의 흐름을
파악하라

시장은 절대로 한 자리에 머물러 있지 않는다.

_ 제시 리버모어

주식도 사람과 마찬가지로 자신만의 성격이나 개성이 있다. 때로는 신경질을 내고 또 때로는 변덕을 부린다. 때때로 한눈을 팔지 않는 직선적이면서도 논리적인 모습을 보여주기도 한다. 경험이 풍부한 주식 투자자는 각각의 주식이 갖고 있는 이런 특징을 잘 알고 또 인정하려 한다. 이러한 고유의 특성을 알고 있으면 다양한 상황에서 각 주식의 움직임을 예측할 수 있다. 시장은 절대로 한 자리에 머물러 있지 않는다. 물론 때로는 정체되어 있는 듯 보일 때도 있지만 그럼에도 불구하고 주식의 가격이 고정되어 있는 경우는 없다. 언제든 반드시 오르거나 내리는 일이 반복된다.

주식은 일단 확실한 흐름을 타기 시작하면 그 흐름을 따라 계속해서 움직인다. 그런 움직임이 막 시작될 무렵 며칠 동안 거래량이 많이 늘어나며 가격도 조금씩 올라가는 모습을 확인할 수 있다. 그런 다음에는 내가 이름을 붙인 이른바 '일반적인 조정 국면'에 들어선다. 이 조정 국면 동안 며칠 전보다 주식의 거래량이 훨씬 더 줄어들게 된다.

이와 같은 소폭의 조정은 그저 말 그대로 일반적인 현상에 불과하다. 이런 움직임이 일어난다고 해서 결코 걱정할 필요는 없다. 그렇지만 예컨대 앞서 언급했던 특성이나 개성에 큰 변화가 일어나는 것 같은 그런 비정상적인 현상이 눈에 들어온다면 극도로 주의해야만 한다.

대부분의 경우 길어도 하루 이틀이면 주가는 다시 움직이기 시작한다. 그리고 거래량도 증가할 것이다. 일반적으로 볼 수 있는 '진짜' 흐름일 경우 자연스러운 일반적인 조정 국면을 지나 모든 것이 정상으로 되돌아간다. 주식은 새로운 신고가 범위 내에서 다시 매매할 수 있다. 이러한 움직임이 며칠 동안 흔들림 없이 계속된다면 설사 조정이 있더라도 아주 미미한 수준에 그친다.

그러다 얼마 지나지 않아 또 다른 일반적인 조정 국면이 일어날 수 있는 정도로 주가가 변한다. 그렇게 되면 처음 있었던 조정 국면과 거의 비슷하게 상황이 흘러가게 되는데, 그건 주가가 확실한 흐름을 타고 있을 때 거의 모든 주식이 보이는 자연스러운 현상이다.

이런 움직임이 처음 일어났을 때 이전에 나타났던 고점과 다음 고점 사이의 주가 차이는 그다지 크지 않다. 그렇지만 시간이 흐를수록 주가가 오르는 속도가 훨씬 더 빨라지는 것을 확인할 수 있다.

구체적으로 예를 들어보자. 어떤 주식의 가격이 50달러였다. 그리고 흐름이 시작되자 가격이 서서히 오르며 54달러가 되었다. 그런 다음 하루나 이틀 정도의 조정 국면을 통해 주가는 다시 2달러 떨어진 52달러가 된다. 다시 사흘이 지나 흐름이 시작되며 이번에는 59달러에서 60달러까지 가격이 올라갔다.

그리고 또다시 일반적이고 정상적인 조정 국면이 시작된다.

그런데 주가가 이 정도라면 조정 국면의 범위가 3달러 정도는 되어야 하는데도 1달러에서 1.5달러 정도로 그쳤다고 생각해보자. 이때는 며칠 안에 주가가 다시 상승하기 시작해도 그때의 거래량은 상승이 시작되던 초기의 거래량에는 미치지 못할 것이다. 그러면 이 주식은 점점 더 매수하기 어려워진다.

이런 상황이 되면 그 흐름상 이전과 비교해 다음 고점들이 나타나는 속도가 훨씬 더 빨라진다. 일반적인 조정 국면을 거치지 않은 채 이전의 고점이었던 60달러에서 68달러나 70달러까지 쉽게 가격이 뛰어오를 수 있는 것이다.

여기에서 일반적인 조정 국면이 나타나면 흐름 자체를 예측하기 더 어려워질 수 있다. 주식 가격이 65달러 선으로 떨어질 수도 있는데 이 정도라면 일반적인 예측 범위다. 그렇지만 이렇게 5달러 정도의 조정 폭이라도 다시 가격 상승이 시작될 때까지는 많은 시간이 걸려서는 안 되며 주가는 신고가 수준에서 다시 매매되어야 한다. 이 시점에서 고려해야 하는 것이 바로 '시간이라는 요소'다. 문제의 주식에 불필요하게 집착해서는 안 된다. 주식의 매매로 적당한 수익을 올렸다면 조급하게 굴 필요는 없다. 다만 위험 신호를 놓쳐버릴 정도로 사고가 굳어버린 정도의 참을성을 보일 필요는 없다.

주가가 다시 뛰어오르며 불과 하루 만에 6달러에서 7달러 정도 오르고 다음 날에는 다시 8달러에서 10달러가 오르며 매매가 활발하게 이루어졌다고 상상해보자. 그런데 그날 장이 마감되기 직전 갑자기 비정상적으로 상황이 급변하면서 7달러에서 8달러가량 가격이 떨어졌다면 어떨까. 다음 날 아침이 되어도 이러한 조정 국면이 1달러에서 2달러 범위에서 계속 이어지다 이후 다시 한번 주가가 상승하기 시작하여 강한 상승세로 장이 마감되었다. 그렇지만 또 이런저런 이유로 인해 이 상승세가 다음 날까지 이어지지 못했다.

이것은 비상사태가 발생했다는 신호다. 일반적인 흐름이 계속 진행되는 동안 자연스럽고 정상적인 조정 국면만 일어났는데 그러다 갑자기 아주 비정상적인 조정 국면이 발생한 것이다. 내가 '비정상적'이라고 말하는 이유는 주가가 최고치를 기록한 바로 그날, '불과 하루 만에' 6달러 이상의 조정이 이루어졌기 때문이다. 주식시장에서 이렇게 전에는 한 번도 본 적이 없었던 이런 비정상적인 현상이 일어났다면 우리는 이를 위험 신호로 받아들여야 하며 절대로 이 신호를 무시해서는 안 된다. 일반적인 수준으로 주가가 흘러가는 동안 참을성을 갖고 시장에 계속 머물러 있었다.

하지만 이제 위험 신호를 파악했으니 올바른 용기와 감각을 통해 자리에서 한 걸음 물러날 때다. 물론 이러한 위험 신호들이 언제나 다 들어맞는다고 말하려는 것은 아니다. 전에도 한

번 이야기 했던 것처럼 주식시장에 적용되는 규칙 중 완벽한 것은 하나도 없다. 그렇지만 이러한 신호에 계속해서 주의를 기울인다면 장기적으로는 큰 이익을 낼 수 있다.

어느 천재적인 투기자 한 사람이 언젠가 내게 이런 말을 한 적이 있다.

"일단 위험 신호가 보이면 나는 절대로 그 신호를 무시하지 않는다. 그저 모든 걸 털고 시장에서 나올 뿐이지! 며칠이 지나 아무런 이상이 없는 것 같으면 그때 얼마든지 다시 시장에 들어갈 수 있으니까. 그렇게 하면 내 돈도 지키고 쓸데없는 걱정도 할 필요가 없으니까. 적어도 나는 그렇게 생각한다. 예컨대 철길을 따라 걷고 있는데 저 앞에서 특급 열차 한 대가 시속 100킬로미터로 달려온다면 그때는 바보가 아닌 이상 그 자리에서 벗어나 열차가 지나가기를 기다리는 것이 당연한 일 아니겠는가. 일단 열차가 지나가고 나면 언제라도 다시 철길을 따라 걸을 수 있으니까. 나는 항상 이 사실을 투기의 지혜 중 하나로 기억하고 있다."

신중하고 지혜로운 투기자라면 누구든 위험 신호에 늘 신경을 쓴다. 흥미롭게도 대부분의 투기자들은 매매를 중단하고 그 자리를 빠져나와야 하는 그때 마음속 어떤 갈등으로 인해 그럴 만한 충분한 용기를 끌어내지 못하는 어려움을 겪는다. 투기자들은 중요한 순간에 주저하며 그렇게 주저하는 시간 동안 점점 더 시장의 상황이 자신들에게 불리하게 돌아가는 걸 지켜보기만 한다. 이들은 이렇게 말한다.

"올라가면 그때 모든 걸 정리할 것이다!"

그런데 정말로 주식 가격이 정상으로 회복되고 나면 그때는 자신이 무슨 말을 했었는지 다 잊어버리고 만다. 다시 시장의 상황이 계속 유리하게 전개될 것처럼 생각하기 때문이다. 그렇지만 이때의 반등은 그저 일시적인 현상일 뿐, 머지않아 상황이 바뀌어 가격은 떨어지기 시작한다. 그렇게 망설이다 빠져나올 때를 놓친 사람들은 계속 거기서 버티고 있을 수밖에 없다. 주식 매매에서 자신의 행동을 이끄는 기준이나 지침을 그대로 따랐더라면 돈도 잃지 않고 쓸데없는 걱정도 할 필요가 없었을 것을.

다시 한번 말하지만 우리는 모두 인간이기에 이런 감정을 누구나 품는다. 이런 감정은 대부분 투자자와 투기자들이 피해야 할 가장 무서운 적이다. 주가가 크게 뛰어오른 뒤 떨어지기 시작했다면 다시 올라가지 않을까? 물론 언젠가는 그렇게 될 수도 있다. 그렇다고는 하지만 자신이 선택한 주식의 주가가 자신이 원하는 때에 반드시 다시 제자리를 찾을 것이라는 생각은 도대체 어디서 온 희망 사항일까? 그런 일은 일어날 수 없다. 설사 일어난다고 해도 애초에 감정을 추스르지 못하고 망설이기만 하는 투기자라면 그때가 와도 제대로 자신에게 유리하게 이용하지 못할 가능성이 더 크다.

투기를 진지한 사업으로 생각하고 싶은 그런 사람들에게 내가 하나 분명히 해주고 싶은 말이 있다. 계속해서 반복하고 또 반복하는 말이지만 나 자신의 헛된 희망 사항은 무조건 잊어버리는 것이 좋다. 또한 투기를 매일 혹은 매주 되풀이하는 사람은 성공하기 어렵다. 자신에게 정말로 유리한 기회는 일 년에 몇 차례, 그러니까 많아 봐야 네다섯 차례 정도 올 뿐이다. 우리는 시장이 다시 크게 요동치기 전에 가만히 스스로 자리를 잡을 때까지 그저 기다리며 관망해야 한다. 시장의 흐름을 정확하게 알아차렸다면 처음 매매를 시작하면서부터 이익을 볼 수 있다. 그때부터는 오직 정신을 바짝 차리고 위험 신호가 언제 나타날지를 바라보며 기다린다. 신호를 알아차렸다면 바로 시장에서 한발 물러나 장부상 나타난 이익을 실제 돈으로 바꿔야 한다.

이 점을 기억하자. 우리가 가만히 기다리고 있을 때 매일 시장을 들락날락해야 한다고 믿는 투기자들은 사실 우리의 성공을 위한 기반을 닦아주고 있는 것이나 마찬가지다. 우리는 망설이고 조바심 내는 투기자들의 실수를 통해 이익을 취할 수 있다.

투기란 정말 지나칠 정도로 짜릿한 모험이다. 투기에 뛰어든 사람들 대부분 거래소를 쉴 새 없이 들락거리며 전화기 곁을 떠나지 않는다. 그날 장이 마감되고 나면 다시 비슷한 처지의 투기자들과 시장에 대한 이야기를 나눈다. 머릿속에서는 주가 상황판의 모습이 떠나지 않는다. 이들은 얼마 되지 않는 가격 등락에 지나치게 신경 쓰느라 정작 중요한 흐름이나 움직임을 놓치는 경우가 많다.

큰 추세가 진행되고 있을 때 거의 모든 투기자나 투자자들이 그 흐름을 거스르는 잘못된 결정을 내린다. 매일 소소하게 일어나는 변화 속에서만 수익을 얻고자 하는 투기자들은 시장에서 정말로 중요한 변화가 일어났을 때 그 변화를 제대로 이용하지 못한다.

그렇지만 이런 문제들은 주가의 흐름과 그런 흐름이 일어나는 방식을 매일 꾸준하게 기록하고 분석함으로써, 또 거기에 시간이라는 요소를 신중하게 대입함으로써 극복할 수 있다.

나는 아주 오래전 놀라울 정도로 큰 성공을 거둔 어느 투기자에 관한 이야기를 들은 적이 있다. 캘리포니아주 산속에 살며 3일이나 묵은 시세 자료를 뒤늦게 받아보면서도 언제나 돈을 벌었다는 사람이었다. 이 투기자는 1년에 고작 두어 차례 자신이 거래하는 샌프란시스코 지점을 찾아 자신의 현재 상황에 맞춰 무슨 주식을 사고팔아야 할지를 결정하고 실행에 옮겼는데,

마침 이 지점에 있던 내 친구 중 한 사람이 호기심을 참지 못하고 그에 대해 이것저것을 알아보았다. 이 투기자는 지점을 제대로 찾지도 않는데다 신식의 주가 시세표로 주가 소식을 전달받는 것도 아니면서 한 번 매매할 때마다 엄청난 규모로 매매하는 것을 알고 경악하고 말았다고 한다.

마침내 이 투기자를 직접 만나게 된 친구는 먼 산속에서 홀로 떨어져 살면서도 어떻게 시장의 흐름을 그렇게 잘 꿰뚫어 볼 수 있느냐고 물었다.

"음……" 투기자는 이야기를 시작했다. "나는 투기를 사업으로 생각합니다. 사소한 변화에 민감하게 반응하고 흔들렸더라면 나 역시 실패하고 말았겠지요. 그렇기 때문에 혼자 조용히 생각할 수 있는 그런 먼 곳에 머물고 싶어하는 겁니다. 그 대신 나는 시장에서 연달아 벌어지는 모든 상황을 계속 기록하고 있지요. 그리고 그 기록은 시장의 동향을 예측하는데 오히려 더 큰 도움을 줍니다."

"시장이 정말로 움직이기 시작했다면 그 움직임이 그날 시작해서 그날 끝날 리는 없어요. 그 움직임에 제대로 마무리가 되려면 당연히 시간이 걸리는 법입니다. 마침 내가 그렇게 산속에서 지내다 보니까 상황을 확인할 때까지 적당한 시간이 흐르더군요. 하지만 신문을 보고 주가를 기록하는 일을 멈췄던 적은 없습니다. 그러다가 어느 순간 주가가 이전의 일정한 기간 동안 보아왔던 일반적인 흐름과 어긋날 때가 있습니다. 그러면 나는 바로 결심하고 산에서 내려와 매매에 뛰어듭니다."

이 투기자의 이야기를 전해 들은 건 아주 오래전 일이었다. 그리고 이 산속의 남자는 그 후로도 아주 오랫동안 주식시장에서 돈을 긁어모았다고 한다. 나는 이 이야기를 듣고 어떤 영감을 떠올렸다. 나는 내가 그동안 모았던 다른 자료에 '시간이라는 요소'를 합쳐보기 위해 그 어느 때보다도 많은 노력을 기울였다. 그렇게 끊임없이 애를 쓴 덕분에 나는 나만의 주가 기록표를 작성할 수 있었고, 이후 주식시장의 움직임을 예측하는 데 큰 도움을 받았다.

3장
선도주를 따른다

---◆---

당신의 진정한 가치는 자신이 받는 대가보다
얼마나 많은 가치를 제공하느냐에 따라 결정된다.

_제시 리버모어

주식시장에서 한동안 성공을 거둔 뒤에는 집중력이 떨어지거나 과도하게 욕심을 부리고 싶은 그런 유혹이 언제나 함께한다. 그러므로 자신이 현재 손에 쥐고 있는 결실을 계속 지켜나가려면 건전한 상식과 명확한 사고가 필요하다. 일단 결실을 거둔 후에 건전한 원칙들을 단단히 고수할 수만 있다면 돈을 잃게 될 이유는 없다.

가격이란 언제든 오를 때도 있고 내려갈 때도 있다는 사실을 알아야 한다. 지금까지 언제나 그래왔고 앞으로도 그럴 것이다. 내가 주장하는 바는 이렇다.

"주가의 중요한 움직임 뒤에는 거역할 수 없는 어떤 힘이 존재한다."

우리는 이 사실만 알고 있으면 된다. 주식 가격의 움직임 뒤에 자리하고 있는 온갖 이유에 관심을 기울이는 건 어리석은 일이다. 별로 중요하지 않은 문제 때문에 집중력이 흐트러지는 위험을 감수할 필요가 없는 것이다. 그저 그런 움직임이 있고 그흐름을 따라 내가 타고 있는 이 투기라는 배를 잘 몰고 나가면서 이득을 취하면 된다. 상황이나 환경이 왜 그런지 따지지 마라. 그리고 무엇보다도 거기에 맞서거나 거스르려고 하지 마라.

또한 여기서 매매하는 주식의 종류를 너무 많이 늘려서는 안 된다는 사실도 함께 명심해야 한다. 간단하게 말해 "한 번에 너무 많은 종목에 관심을 가지면 안 된다. 종목의 개수가 많지 않을수록 집중하기 훨씬 쉽다." 하지만 나는 몇 년 전 이런 규칙을 어기는 실수를 저질렀고 그 때문에 큰 대가를 치렀다.

내가 저지른 또 다른 실수는 어떤 특정한 업종에 속해 있는 한 가지 종목이 일반적인 시장의 추세와 완전히 정반대로 움직인다는 이유로 전체 시장에 대하여 완전한 상승 혹은 하락이라는 극단적인 해석을 내린 것이었다. 그런 해석을 내리기 전에 우선 참을성을 갖고 다른 업종의 주식들이 어떤 움직임을 보이는지 관찰하며 때를 기다렸어야 했다. 그렇게 기다리고 있다가 때가 되면 다른 주식들도 상승이든 하락이든 동일한 신호를 분명하게 내게 보여줬을 텐데. 그런 신호가 나타날 때까지 나는 기다렸어야만 했다.

하지만 안타깝게도 나는 신호를 기다리는 대신 빨리 시장 전체에 개입하고 싶은 강한 충동을 느꼈다. 건전한 상식과 판단력은 사라지고 빨리 뭔가를 하고 싶은 조급한 충동이 그 자리를 채웠다. 물론 나는 첫 번째, 그리고 두 번째로 선택한 관련 업종에서 수익을 얻었다. 하지만 본격적인 행동을 개시해야 할 때가 되기도 전에 전혀 다른 업종의 주식까지 손을 댔다가 벌었던 돈의 상당 부분을 모두 날리고 말았다.

1920년대 후반의 호황기를 돌이켜보면 나는 그때 분명 구리 관련 주식의 상승세가 끝나가고 있다는 사실을 알아차릴 수 있었다. 그리고 얼마 지나지 않아 자동차 관련 업종의 주가도 최고치를 찍었다. 이 두 업종에서의 호황기가 막을 내리는 걸 보고 나는 갖고 있던 모든 종류의 주식을 다 처분해도 아무 상 관 없을 거라는 완전히 잘못된 결론을 내렸다. 그런 잘못된 전 제를 바탕으로 취한 행동 때문에 내가 얼마나 큰 손해를 보았 는지 다시 떠올리기도 싫은 정도다.

물론 장부상으로 보면 구리와 자동차 관련 주식 매매로 엄 청난 이익을 보았다. 그렇지만 일반적인 소비재 종목에서도 이 정도의 결과를 얻기 위해 6개월을 허둥대면서 그보다 더 많 은 돈을 잃고 말았다. 결과적으로만 보면 소비재를 비롯한 다 른 업종들도 이후 주가가 최고치를 기록하기는 했다. 아나콘다 Anaconda[05]라는 이름의 광산회사의 경우 주가가 고점에 오르기 전 50달러 낮은 가격으로 매매가 되었고 자동차 회사 주식들 도 이와 사정은 비슷했다.

여기에서 내가 강조하고 싶은 건 특정한 업종에서 일어나는

---

05 아나콘다(Anaconda Copper Mining Company) : 20세기 전 세계에서 가장 큰 광산 회사 중 하나였다. 1929년까지 칠레 구리회사까지 인수할 정도로 규모가 컸다. 1971년 칠레에서 새 로 선출된 살바도르 대통령이 헌법 수정을 통해 아나콘다의 칠레 구리 광산을 몰수했다. 1973 년 칠레의 새로운 군사정부가 들어선 뒤 아나콘다에게 2억 5000만 달러를 지불하는 데 동 의했으나 이미 심각한 재무 상태와 세계 구리 가격 하락으로 1977년 ARCO(Atlantic Richfield Company)에 인수되었다. ARCO는 아나콘다가 운영했던 수많은 광산과 공장을 폐쇄했으며 여 러 회사에 매각했다.

흐름이 확실하게 보일 경우에 행동하는 것이다. 그런데 다른 두 번째 업종에 대한 매매를 고려할 때 거기에서도 똑같이 분명한 흐름이 나타나지 않으면 함부로 행동해서는 안 된다. 참을성을 갖고 기다려라. 때가 되면 처음 업종에서 그랬던 것처럼 똑같은 신호가 나타나고 그게 눈에 들어올 것이다. 한 가지 특정 업종에서 감지한 신호를 시장 전체에 확대해서 적용하는 일은 피해야 한다.

주가의 움직임에 대한 관찰은 당일의 유망 주식들로 그 범위를 제한해야 한다. 시장을 이끄는 주식들을 통해 수익을 얻지 못한다면 다른 종목들, 그러니까 시장 전체에서도 수익을 얻을 수 없다.

여성들의 의복이나 모자, 장신구들도 시간에 따라 그 유행이 끊임없이 변하는 것처럼 주식시장의 오래된 선도주들 역시 언젠가는 새로운 선도주들에게 그 자리를 내어줄 수밖에 없다. 불과 몇 년 전까지 시장의 선도주는 철도와 설탕, 그리고 담배 관련 주식들이었다. 그러다 철강 관련 주식이 앞으로 나서면서 설탕과 담배 주식은 어느샌가 뒷전으로 밀려났다. 그리고 다시 자동차 주식이 앞으로 나서며 그런 흐름은 지금까지 이어지고 있다.

1940년 현재 주식시장은 철강과 자동차, 항공, 그리고 통신판매 등 4개 산업 업종이 지배하고 있다. 이들이 들썩이면 전체 시장도 함께 따라서 움직인다. 그러다 시간이 흐르면 또 새로운 선도주가 전면에 나설 것이며 예전 업종들은 뒤로 밀려날 것이다.

주식시장이 존재하는 한 이러한 현상은 영원히 계속될 것이 분명하다. 그렇다고 한 번에 너무 많은 주식에 관심을 두려고 하는 건 확실히 위험한 행동이다. 그러면 일은 복잡해지고 정신은 산만해진다. 그렇기 때문에 상대적으로 적은 숫자의 업종을 분석하도록 노력하자. 그렇게 하면 시장 전체를 분석하려는 것보다 훨씬 더 쉽고 확실하게 예상할 수 있다는 사실을 알게된다.

4개 주요 업종들에서 2개 종목의 주식에 대해서만 그 흐름을 제대로 분석할 수 있다면 다른 주식들이 어떻게 움직이든 신경을 쓸 필요가 없다. "선도주를 따르라"는 말은 이미 진부한 격언이 되어버렸다. 사고방식을 유연하게 유지하라. 오늘의 선도주가 2년 뒤에는 그 위치에 있지 않을 수도 있다는 사실을 기억하자.

나는 지금 이 순간에도 이 4개 업종의 움직임을 계속해서 기록하고 있다. 물론 한 번에 이 업종의 모든 주식을 매매하겠다는 뜻은 아니다. 그 진짜 목적은 마음속 깊이 간직하고 있다.

내가 처음 주가의 흐름에 관심을 갖게 된 건 아주 오래전인 15세 무렵부터였다. 당시 나는 앞으로 있을 흐름을 정확하게 예측할 수 있을지 나의 역량을 한 번 시험해보려 했다.

나는 항상 품에 지니고 다니던 작은 공책에 가상 투자 결과를 열심히 기록했다. 그렇게 시간이 흐르던 어느 날 나는 최초로 실제 매매에 나섰고 이날의 일을 지금도 절대 잊지 못한다. 당시 나는 친구와 함께 공동으로 벌링턴앤퀸시철도회사 Burlington & Quincy Railroad[06]의 주식을 다섯 주 샀고 여기에서 발생한 수익 중 나의 몫은 3.12달러였다. 그리고 이날을 시작으로 나는 전업 투기자가 되었다.

지금과 같은 상황이라면 대량으로 매매를 하는 옛날 방식의 투기자가 큰 성공을 거둘 가능성이 크다고는 생각하지 않는다. 내가 말하는 옛날 방식의 투기자란 시장의 움직임이 대단히 활발하며 유동성이 컸던 시기에 활동하던 사람이다. 이때는 한 사람이 5000주에서 1만 주 정도의 포지션으로 매매를 해도 주가에 별다른 영향을 미치지 않았다.

처음 매매를 시작하고 나서 주가가 생각했던 방향대로 움직였다면 투기자 입장에서는 그때부터 자신의 매매 규모를 안전

---

06 벌링턴앤퀸시철도회사(Burlington & Quincy Railroad) : 1849년부터 운영했으며 "서부의 모든 곳(Everywhere West)"이라는 슬로건을 내세울 만큼 중서부 지역을 광범위하게 다녔다. 다른 철도회사와 마찬가지로 인수와 합병을 여러 번 거쳐 현재는 BNSF철도회사에서 운영하고 있다.

하게 더 늘려갈 수 있을 것이다. 예전 같으면 자신의 판단이 잘못된 것으로 판명이 나더라도 별다른 큰 손실 없이 상황을 정리하고 시장을 빠져나올 수 있었다. 그렇지만 지금은 움직임이 줄어든 불황 시장이기 때문에 처음 매매가 잘못되었다면 상당히 큰 손실을 보고 나서야 다시 시작할 수 있다.

반면 앞에서 언급했던 것처럼 적절한 시기가 올 때까지 기다릴 수 있는 참을성과 판단력을 겸비한 투자자라면 지금과 같은 시장에서도 큰 이익을 얻을 가능성이 크다. 지금은 인위적인 주가 흐름으로 과학적인 분석을 뒤집어 엎었던 과거와는 다르다.

그러므로 지금의 시장 상황을 생각하면 과거에 통했던 대규모 매매는 이제 어리석은 투자 방법이 되었다. 대신 관심을 가진 업종 중에서 소수의 선도주를 연구하는 것을 추천한다. 그리고 시장에 들어가기 전에 전체적으로 시장의 흐름을 관찰하는 법도 배워야 한다. 이제 주식시장에도 새로운 시대가 찾아왔다. 이성적이고, 탐구적이며 그러면서도 유능한 투자자와 투기자들이 더 안전한 기회를 잡을 수 있는 그런 시대.

4장

내 손안의 돈

◆

돈이라는 건 자신이 직접 나서서 지킬 때만
내 손안에 남아 있는 법이다.

_ 제시 리버모어

잉여 수익을 관리할 때 절대로 그 일을 자신이 아닌 다른 사람에게 맡겨서는 안 된다. 그 액수가 수백만 달러든 수천 달러든 원칙은 똑같다. 그 돈은 나의 것이다. 돈이라는 건 자신이 직접 나서서 지킬 때만 내 손 안에 남아 있는 법이다. 그리고 잘못된 투기는 가장 확실하게 돈을 날리는 방법이다.

무능한 투기자들이 저지르는 실수는 셀 수 없이 많다. 나는 앞서 손실 균등인 물타기를 피하라고 경고했지만, 이 손실 균등 작업은 가장 일반적으로 이루어지는 관행이기도 하다. 예컨대 수많은 사람이 50달러의 가격으로 100주가량 주식을 매수했을 때 이틀이나 사흘쯤 지난 후 주가가 47달러로 떨어졌다면 그들 중 대부분이 그렇게 떨어진 가격에서 다시 100주를 추가로 매수하여 자신의 평균 매수 가격을 48달러 정도로 낮추고 싶은 충동에 휩싸인다.

그런데 주당 50달러에 100주를 매수해 주당 3달러의 손실을 보았음에도 불구하고 100주를 더 매입했다가 또다시 주당 가격이 3달러가 더 떨어져 주가가 44달러가 되면 그때는 어떻게 할 생각인가? 그렇게 된다면 처음 매수에서 600달러 손실이 나고 두 번째 매수에서는 300달러의 손실이 발생하게 된다.

이런 신뢰할 수 없는 원칙을 따르면 문제의 당사자는 44달러에 200주의 주식을 더 매수하고, 41달러에 400주를, 38달러에 800주, 35달러에 1600주, 그리고 32달러에 3200주와

29달러에 6400주를 매수하는 식으로 손실 균등을 이루려고 할 것이다. 그렇지만 이런 식으로 계속 버틸 수 있는 투기자가 과연 몇 명이나 될까? 물론 자신만의 합리적인 원칙이 있다면 그걸 계속 지켜나가야 하는 건 맞다. 그리고 앞서 예로 든 것처럼 비정상적인 흐름이 그렇게 빈번하게 일어나는 것도 아니다. 그렇지만 투기자로서는 감당할 수 없는 재난을 피하기 위해서라도 이런 비정상적인 흐름을 처음부터 경계해야만 한다.

똑같은 말을 지루하게 너무 많이 반복하는 것 같지만 그래도 나는 계속해서 이런 식의 손실 균등 작업을 피하라고 말하고 싶다. 나도 이미 알고 있지만 어느 주식 투자자가 말해준 분명한 원칙이 하나 있다.

"이른바 추가증거금요구[07] 관련 연락을 받았는가? 그렇다면 절대로 거기에 응하지 말고 포기하라. 바로 거래 계좌를 폐쇄하라."

이미 그쯤 되었으면 그 사람은 잘못된 방향으로 나아가고 있다. 자신의 소중한 자금을 그런 밑 빠진 독에 들이부어야 하는가? 자신의 자금은 훗날을 기약하며 아껴두어야 한다. 손해 볼

---

07 추가증거금요구: 선물거래는 당일 결제 제도(Marking-to-market)에 따라 매일 정산한다. 보증금이 부족할 경우 즉시 적립할 수 있도록 선물중개회사가 고객에게 추가보증금을 적립하도록 요구(call)한다.

것이 분명한 거래가 아니라 더 전망이 좋은 일에 걸어야 한다.

성공한 사업가라면 자신의 모든 상품을 단 한 명의 고객에게 팔기보다는 더 많은 고객을 상대하려 할 것이다. 고객의 숫자가 늘어날수록 그만큼 위험도 더 넓게 분산된다. 이와 마찬가지로 투기라는 사업에 뛰어든 사람이라면 한 번 모험을 걸 때 아주 적은 액수의 자금만 걸어야 한다. 투기자에게 현금이란 상인이 확보한 상품이나 마찬가지니까.

모든 투기자가 저지르는 한 가지 중대한 실수는 바로 짧은 시간 내에 큰돈을 벌려고 충동을 다스리지 못하는 것이다. 투자금 대비 500퍼센트의 이익을 달성하기 위해 2년에서 3년을 기다리는 대신 사람들은 2개월에서 3개월 정도만을 참아낼 뿐이다. 물론 그 안에 그렇게 성공을 거둘 가능성도 있다.

하지만 그렇게 참을성 없는 투기자들이 과연 계속해서 돈을 벌 수 있을까?

물론 그럴 수는 없다. 그렇다면 그 이유는 무엇일까. 그들의 자금 운용 방식은 건전하지 못하다. 때에 따라서 돈이 급격하게 불어나기도 하지만 또 아주 순식간에 사라져버리는 경우도 허다하다. 이런 식으로 자금을 운용하는 투기자는 곧 균형감각을 상실하게 된다. 투기자들은 이렇게 말한다. "2개월 만에 500퍼센트의 이익을 달성할 수 있다면 다음 2개월 동안에 얼마나 벌어들일 수 있을지 상상해보라! 그야말로 금방 부자가 될 수 있다!"

이 투기자들은 절대 만족하지 않는다. 그저 무모한 시도만을 남발하다가 전혀 예상치 못한 끔찍하고 파괴적인 실수를 저지르고 나서야 겨우 뭔가를 깨닫는 것이다. 하지만 거래하던 증권 회사에서는 이미 감당할 수 없을 정도의 추가 자금 요청이 날아오고 결국 여력이 없는 투기자는 바람 앞의 촛불처럼 사라져버린다. 물론 회사에 사정해 시간을 조금 벌어볼 수도 있겠지만 혹여 그나마 운이 조금이라도 남아 있는 사람이라면 다시 시작할 수 있는 비상금을 마련해두었는지도 모른다.

일반적인 사업, 예컨대 장사를 처음 시작하는 사람이라면 일을 시작한 첫해부터 25퍼센트 이상의 수익을 올리겠다는 식의 기대는 하지 않는다. 그런데 투기사업에 뛰어든 사람들에게는 이런 25퍼센트에 대한 기대 같은 건 아무것도 아니다. 아니, 심지어 2배, 3배의 수익을 기대하기도 한다. 이런 엉터리 같은 계산법이 또 있을까. 이들은 투기를 사업이라는 관점에서 보지 못했고 따라서 사업적인 원칙에 따라 행동하지도 못했다. 여기에서 도움이 될 만한 또 다른 작은 원칙 하나를 제시하자면, 주식 투자가 성공할 때마다 실제로 손에 쥔 수익의 절반을 따로 구분해 보관하는 것이다. 투기자 관점에서 보면 주식시장에서 번 진짜 돈이란 성공적인 매매 이후 모든 걸 정리하고 손에 쥔 현금이다.

문득 팜비치Palm Beach[08]에서 있었던 일이 떠오른다. 당시 나는 대규모의 공매도 거래를 걸어놓은 채 뉴욕을 떠나 고급 휴양지인 팜비치로 떠났다. 그런데 팜비치에 도착하고 며칠이 지나자 주가가 폭락했다. 이때야말로 '장부상의 이익'을 현금으로 바꿀 기회였고 나는 실제로 그 생각을 행동으로 옮겼다.

상황을 정리한 후 나는 뉴욕 사무소에 전보를 보내 즉시 내 은행 계좌로 100만 달러를 이체해달라고 요청했다. 전보를 보내는 기사는 깜짝 놀란 표정으로 전보용지를 자신이 가져도 되느냐고 물었다. 내가 그 이유를 묻자 그는 이렇게 대답했다.

"여기 팜비치에서 20년이 넘게 일을 해왔지만 이렇게 주식을 정리해 현금을 은행 계좌로 이체하라고 요청하는 전보를 보낸 건 처음입니다."

기사의 이야기가 계속 이어졌다. "사무소 측에서 고객들에게 추가로 자금을 더 보내라는 내용의 전보를 보내오는 경우는 수도 없이 많이 보았습니다만, 이런 경우는 정말 처음입니다. 그래서 다른 사람들에게 이 전보 내용을 알려주고 싶어서요."

보통 투자자나 투기자가 주식 매매 계좌에서 현금을 인출할

08　팜비치(Palm Beach) : 미국 동남쪽 끝자락에 있는 플로리다주에 있는 도시. 아열대기후로 호화로운 호텔과 별장, 요트 시설 등이 발달했다. 제시 리버모어는 이곳에서 요트를 타며 낚시를 즐겼다.

수 있는 건, 아무런 거래도 하고 있지 않을 때나 혹은 자본금이 넘쳐날 때뿐이다. 시장이 자신에게 불리한 방향으로 움직이고 있다면 혹시 있을지 모를 추가 납입을 위해 돈을 남겨두어야만 한다.

또 설사 투자에 크게 성공했다 하더라도 '이 돈을 다시 투자해서 두 배로 불려야지' 하는 생각으로 현금을 인출하지 않는다. 그 결과 대다수 투기자는 돈을 실제로 손에 쥐어보지 못하는 것이다. 이런 사람들에게 돈은 실제로 존재하는 유형의 물체가 아니다. 나는 오래전부터 매매에 성공한 다음에는 반드시 현금을 인출하는 습관을 들였고 보통 한 번에 20만 달러에서 30만 달러까지 찾았다. 그리고 이건 아주 좋은 원칙이었을뿐더러 심리적인 효과까지 있었다. 나처럼 이 원칙을 따라보라. 현금을 인출해 직접 세어보라. 나는 그렇게 했고 내 손에 뭐가 있는지 직접 보고 느끼고 확인했다. 그건 진짜 돈이었다.

주식으로 바뀐 돈, 혹은 은행 통장에 남아있는 돈은 손으로 직접 만지며 느끼는 돈과는 완전히 다른 존재이다. 그렇게 돈을 손으로 만질 때의 그 느낌을 기억하고 있으면 큰 손해로 이어질 수 있는 무모한 도전 앞에서 좀 더 신중해질 수 있다. 그러니 적어도 이따금, 특히 한 번 거래를 끝내고 다음 거래를 준비하는 사이에 이렇게 자신의 진짜 돈을 가져와 눈으로 보고 손으로 만져보며 생생하게 느껴보는 것이 좋다.

하지만 보통의 투기자들은 이 문제에 그리 크게 신경을 쓰지 않는다. 어떤 투기자가 운이 좋아서 자신의 투자금을 두 배로 불렸다면 그중 절반을 바로 현금으로 인출해 따로 보관해두어야 한다. 나는 아주 여러 차례 이 원칙을 통해 큰 도움을 받았다. 물론 이 원칙을 계속해서 철저하게 지켰다면 어땠을까 하는 아쉬운 마음이 들기도 한다. 이따금 마음이 풀어지면서 이 원칙에서 벗어나게 될 때가 있었으니까.

나는 월스트리트의 주식 거래 시장 밖에서는 단 한 푼도 돈을 벌어본 적이 없다. 오히려 주식으로 벌어들인 수백만 달러의 돈을 다른 사업에 '투자'하는 과정에서 몽땅 잃어버린 적은 있다. 플로리다에서는 부동산을, 다른 곳에서는 석유와 항공기 개발, 그리고 또 새로운 발명품을 기반으로 하는 상품의 개선과 광고 등에 투자했었지만 나는 언제나 실패했고 한 푼도 벌지 못했다.

언젠가 한 번은 이런 식으로 다른 사업에 정신을 쏟다가 친구 한 명을 찾아가 5만 달러 정도를 투자하라고 권했던 적이 있었다. 그런데 내 이야기를 진지하게 다 듣고 난 친구는 이렇게 말했다. "제시, 자네는 자신이 잘할 수 있는 분야 밖에서는 절대로 어떤 성공도 이룰 수 없어. 그냥 평소처럼 주식 투자를 하는 데 필요하다면 5만 달러 정도는 줄 수도 있지. 그렇지만 제발 부탁이니 다른 사업에는 눈길도 주지 말게나." 그리고 다음 날 아침, 친구는 5만 달러짜리 수표를 내게 보내왔다.

여기서 또다시 얻을 수 있는 교훈은 다음과 같다. 즉, 투기는 그 자체로 하나의 사업이며 반드시 사업적인 관점에서 투기를 바라보고 생각해야만 한다. 고양된 감정이나, 아첨, 혹은 외부의 유혹에 영향을 받고 휘둘려서는 안 된다. 주식 거래의 중개인들은 비록 의도적이지는 않지만, 투기자나 투자자들을 잘못된 길로 인도할 수 있다. 이들은 중간에서 수수료를 받는데 거래가 늘어날수록 수수료도 더 늘어나고 반대로 거래가 없으면 수입이 한 푼도 발생하지 않는다. 물론 투자자나 투기자는 거래가 발생하기를 바라지만 중개인은 거기에서 한 걸음 더 나아가 불필요한 거래가 더 많이 이루어지도록 유혹할 수도 있다. 경험이 없는 투기자는 이런 중개인을 친구로 여기며 그를 따라 결국 지나치게 많은 거래와 매매에 나서게 된다.

그렇게 해야 할 때도 있고 그때가 언제인지 알아차릴 수 있을 정도로 영민한 투기자라면 평소보다 많은 거래에 뛰어들어도 상관없다. 그렇게 할 수 있을 때, 혹은 그렇게 해야만 하는 때가 언제인지 알 수 있으니까. 그렇지만 이런 게 한 번 습관이 되면 아무리 영민한 투기자라도 또 적절한 때에 멈춰 서기 어렵다. 성공의 필수 요소인 특별한 균형 감각을 잃어버리게 되는 것이다. 이들은 자신들이 실수를 저지르는 날이 올 것이라고는 상상조차 하지 않는다. 그렇지만 이 세상에 완벽한 사람은 없다. 쉽게 번 돈은 쉽게 사라지고 또 한 명의 투기자가 몰락의 길로 들어선다.

재정적으로 안정적인 상태가 아니라면 절대로 어떤 투기나 투자에 나서서는 안 된다.

5장

부의 기회, 전환점

만일 주시하는 주식이 전환점을 돌파한 다음 예상한 대로
움직이지 않는다면 이걸 위험 신호로 여겨야 한다.

_ 제시 리버모어

나는 언제나 참을성 있게 '전환점pivotal point'이 나타나기를 기다렸다가 시장에 뛰어들었을 때 돈을 벌었다.

어떻게 그럴 수 있었을까? 그건 내가 어떤 주식이 막 움직이기 시작한다고 생각되는 심리적 시간에 맞춰 행동에 들어갔기 때문이다. 그저 내 투자의 원칙이 알려준 시간에 딱 맞춰 즉시 행동에 나서 한눈을 팔지 않았다는 간단한 이유만으로 나는 단 한 번도 심각할 정도의 손해를 본 적이 없었다. 다시 말해 나는 그저 흔들리지 않는 자세로 시장이 어떻게 흘러가는지 바라보고 있기만 하면 되었다. 그렇게만 하면 시장이 알아서 내게 이익을 실현할 수 있는 때가 언제인지 알려주는 그런 신호를 보내주는 것이다.

분명히 말하지만 내가 용기와 인내심을 갖고 상승추세가 나타나기를 기다릴 때마다 신호는 반드시 그 모습을 드러냈다. 시장의 움직임이 막 시작되었을 때, 바로 그 무렵 행동에 나서지 못할 경우 절대로 이익을 얻을 수 없다는 사실을 나는 경험을 통해 알고 있었다. 다만 시장의 움직임이 완전히 마무리될 때까지 이따금 일어나는 소규모의 등락이나 반등에도 흔들리지 않고 버티려면 용기와 참을성이 필요하다. 이런 용기와 참을성을 갖추는데 반드시 필요한 것이 바로 넉넉한 자본이다. 이익을 통해 쌓은 자본금이 우선 여유로워야 하는 것이다.

어쨌든 참고 기다릴 수만 있다면 시장은 알아서 적절한 때를 알리는 신호를 보내줄 것이며 마찬가지로 시장에서 손을 털고 일어서야 할 시점도 알려줄 것이다. 누구나 다 아는 사실이지만 "로마는 하루아침에 이루어지지 않았다." 시장과 주가가 정말로 움직이기 시작했다면 그 흐름은 제대로 자리를 잡아나갈 때까지 어느 정도 시간이 걸린다. 보통 그런 중요한 움직임은 48시간 안에 결정되며, 따라서 이 시점에 시장에 진입하는 것이 대단히 중요하다.

예를 하나 들어보자. 꽤 오랜 시간 가격이 떨어지고 있던 어떤 주식이 마침내 저점이라고 볼 수 있는 40달러에 도달했다. 그런데 불과 며칠 뒤 주가는 45달러로 반등했고 그다음 약 일주일가량 2달러에서 3달러 범위 안에서 등락을 거듭하다 49달러까지 가격이 올라갔다. 이후 다시 며칠 동안 시장은 움직임이 둔해졌고 그러던 어느 날 활기를 되찾으며 주가가 3달러에서 4달러가량 내려간 46달러 선에 머물더니 전환점으로 볼 수 있는 40달러까지 떨어졌다.

이때야말로 시장을 주의 깊게 관찰해야 할 때다. 이 주식이 진짜로 하락세에 들어간 것이라면 다른 반등이 일어나기 전에 전환점인 40달러보다 3달러 낮은 가격에서 매매가 되는 모습이 나타날 것이기 때문이다. 만일 이 주식 가격이 40달러 이하로 떨어지지 않는다면 이건 분명한 매수 시점이며 이렇게 형성된 저점에서 3달러 이상 반등을 하면 바로 매수에 나서야 한다. 또한 40달러 이하로 가격이 떨어졌다 해도 그 폭이 3달러 미만이라면 주가가 43달러 정도까지 상승했을 때 바로 매수에 나서야 한다.

위에서 언급한 두 가지 상황 중에서 어느 한 가지라도 일어났다면 대부분의 경우 새로운 흐름이 시작되었다는 신호이며, 그러한 흐름이 확실하게 확인되었다면 주가는 계속 뛰어올라 전환점인 49달러를 넘어 더 올라갈 수도 있다.

나는 시장의 흐름을 정의할 때 굳이 '강세'나 혹은 '약세'라는 말은 잘 쓰지 않는다. 이런 식으로 말이 시장에서 직접 흘러나오는 걸 듣게 된다면 수많은 사람이 그러한 흐름이 상당 기간 오래 유지될 것으로 생각하기 때문이다.

하지만 단순히 이런 말 한마디로 정의될 만큼 길게 이어지는 확실한 흐름은 그리 자주 나타나지 않는다. 굳이 말하자면 4년이나 5년에 한 번쯤 정도. 그나마 그사이에 상대적으로 짧은 기간이기는 하지만 아주 여러 차례 분명한 흐름이 나타나기는 한다. 따라서 나로서는 '상승추세'와 '하락추세'라는 말을 주로 사용하는 편이다. 이 정도면 특정한 기간에 일어나는 현상을 완벽하게 표현할 수 있다고 생각한다. 거기에 더해서 만일 시장이 상승추세를 타고 있다고 생각해 주식을 매수했는데 몇 주 지나지 않아 시장이 하락추세로 돌아섰다면 아마도 '강세'나 혹은 '약세'라는 확고한 견해를 갖고 매매에 임했을 때보다 이런 변화를 받아들이기 쉬울 것이다.

나만의 기술인 리버모어 매매 기법The Livermore Method은 '시간 이라는 요소와 자금 관리법, 그리고 감정 조절의 규칙들'을 기록하여 만들어낸 결과물이다. 그렇게 탄생한 나만의 주가 기록표는 지난 30년 동안 연구한 내용을 바탕으로 앞으로 일어날 시장의 움직임을 예측하는 데 많은 도움을 준다.

내가 처음 주가를 기록하기 시작했을 때 얼마 지나지 않아 이런 식으로는 크게 도움이 되지 못한다는 사실을 깨달았다. 그래서 몇 주가 지난 후 나는 새로운 방법을 떠올렸고 그에 따라 다시 기록을 계속했다. 물론 처음보다는 나아졌지만 약간의 개선만 되었을 뿐 여전히 내가 원하는 정보를 주지는 못했다. 어쨌든 나는 이런 식으로 계속해서 떠오르는 새로운 기법을 적용해 나만의 투자 원칙을 만들어 나갔다.

이런 식으로 예전에는 없었던 다양한 전략을 개발하고 또 기록을 계속해 나가는 동안 점차 과거보다 더 나은 형태로 주가 기록표를 작성할 수 있었다. 하지만 나는 여기에 만족하지 않았다. 나는 주식 가격의 움직임에 시간이라는 요소까지 접목하자 마침내 나의 기록들은 내게 제대로 된 신호를 전달해주기 시작했다!

그 이후부터 나는 이전과는 다른 방식으로 주가 기록표를 하나로 합쳐 정리했고, 이를 통해 전환점을 확인할 수 있었다.

또한 이렇게 알아낸 전환점에 대한 신호와 정보를 나에게 유리하게 사용하는 방법도 터득했다. 그러고 나서 내 방법은 계속해서 진화했으니 지금은 이 책을 보는 사람에게 도움이 될 거라 생각한다. 물론 그 가치는 사용하는 사람의 역량에 따라 달라지기는 하지만 말이다.

만일 어떤 투기자가 어느 특정한 주식의 전환점을 알아차리고 그 시점에서 주가의 움직임을 해석할 수 있다면 그 투기자는 출발 지점부터 자신의 판단에 긍정적인 확신을 갖고 시장에 뛰어들 수 있다.

나는 아주 오래전부터 가장 단순한 형태의 전환점 매매를 이용해 돈을 벌기 시작했다. 나는 어떤 주식이 50달러, 100달러, 200달러 그리고 심지어 300달러에 매매가 될 때 이런 가격대에서 돌파된 다음에 주가가 빠르게 한 방향으로 움직이는 걸 자주 목격하곤 했다.

이런 전환점을 이용해 매매를 처음으로 시도했던 주식이 예전에 언급했던 아나콘다광산의 주식이었다. 그 당시 이 광산회사의 주가가 100달러일 때 나는 4000주 매수를 주문했다. 그런데 그 후 몇 분 동안 주가가 105달러를 넘어선 후에야 매수 과정이 완료되었고 그날 주가는 10달러 이상 오른 뒤 마감되었다. 다음 날에는 더 큰 폭으로 주가가 뛰어올랐다. 이후 7

달러에서 8달러 정도 가격이 떨어지는 일반적인 조정 과정이 몇 차례 이어지면서 가격이 계속 올라가 주가는 단숨에 150달러를 넘어섰다. 이 과정에서 전환점이라고 여겨지던 100달러선이 위협을 받았던 적은 한 번도 없었다.

그 이후에도 전환점을 기준으로 시장에 뛰어들었을 때 크게 손해를 본 경우는 드물었다. 앞서 언급했던 광산 주식이 200달러에 매매가 될 때도, 300달러가 되었을 때도 나는 계속 동일한 방식으로 거래에 나서 성공을 거두었다. 그런데 주가가 300달러였을 때는 그 이상 원하는 적절한 수준까지 상승세가 이어지지 않았다. 주가는 고작 302.75달러에서 멈췄다. 누가 봐도 이건 위험 신호였기에 나는 내가 보유하고 있던 8,000주를 매도했는데 5,000주는 주당 300달러에, 그리고 1,500주는 주당 299달러에 매도했다. 이 6,500주를 정리하는 데 걸린 시간은 2분도 채 되지 않았다. 그런데 나머지 1,500주의 경우 25분이 넘게 걸렸고 그것도 100주에서 200주씩 나눠서 298달러에 겨우 다 처분할 수 있었다.

나로서는 주가가 300달러 아래로 떨어지면서 급격하게 가격이 더 떨어질 것이라는 확신이 들었다. 다음 날 아침의 상황은 대단히 흥미로웠다. 광산 주식은 런던에서 이미 하락세로 매매가 시작되었고 뉴욕에서는 런던보다 더 낮은 가격으로 출발했다. 며칠 뒤 거래된 이 주식의 가격은 225달러에 불과했다.

전환점을 이용해 시장의 움직임을 예측하려고 할 때 명심해야 할 사항이 하나 있다. 만일 주시하고 있는 주식이 전환점을 돌파한 다음 예상한 대로 움직이지 않는다면 이걸 위험 신호로 여겨야 한다는 것이다.

앞에서 언급했던 것처럼 이 광산 주식은 300달러를 돌파한 후의 움직임과 100달러, 그리고 200달러를 넘어선 이후의 움직임이 확연히 달랐다. 전에는 이런 전환점을 넘어선 후에 즉시 최소한 10달러에서 15달러 이상 가격이 올라갔지만 300달러 이후에 주식을 구하는 것이 어려워지지 않고 오히려 시장에 매물이 충분히 공급되면서 상승세가 계속 이어지지 못했다. 따라서 300달러를 돌파한 다음에 나타난 움직임은 분명히 이 주식을 계속 보유하는 것이 위험하다는 사실을 보여준 것이다. 어떤 특정 주식이 그 전환점을 넘어선 후에 일반적으로 일어나야 할 상황이 일어나지 않을 경우 어떤 일이 벌어지는지를 이 사례를 통해 확실하게 알 수 있다.

또 다른 사례를 들어보자. 나는 3주일을 기다렸다가 베들레헴스틸Bethlehem Steel[09]의 주식을 매수했던 적이 있다. 1915년 4

---

09 베들레헴스틸(Bethlehem Steel) : 20세기 세대 최대 철강 생산 및 조선 회사 중 하나였다. 2001년 파산을 신청하였고 회사의 일부는 인터내셔널스틸그룹(International Steel Group)에서 인수했다.

월 7일 당시 베들레헴스틸의 주가는 87달러라는 최고가에 도달해 있었고 대단히 빠른 속도로 전환점을 넘어서는 모습을 확인했다. 나는 곧 이 주식의 가격이 100달러를 넘어설 것이라는 확신이 들었다. 그래서 다음 날인 4월 8일 베들레헴스틸 주식을 89달러에 처음 매수했고 99달러가 될 때까지 계속해서 보유량을 늘려나갔다. 장이 마감될 때 주식의 가격은 117달러까지 올라가 있었다. 중간중간 대수롭지 않은 수준의 주가 조정이 일어났지만 4월 13일까지 상승세는 이어졌다. 내가 시장에 뛰어든 지 5일이 지난 후 13일의 주가는 무려 155달러였다. 베들레헴스틸의 주식은 참을성을 두고 전환점을 유리하게 이용한 사람이 큰 이득을 본 분명한 사례였다.

그렇지만 나는 이후에도 베들레헴스틸 주식에서 손을 떼지 않았다. 주가가 200달러에서 300달러로, 그리고 심지어 숫자만 봐도 머리가 어지러울 정도의 400달러까지 올라갔을 때도 앞서 했던 작전을 반복했다. 나는 시장이 하락세에 들어가고 주가가 전환점 아래로 떨어지기 시작할 때 어떤 일이 일어나는지 어느 정도 예측할 수 있었기 때문에 베들레헴스틸 주식을 계속 거래했다. 나는 특정 주식이 전환점을 넘어섰을 때 그 이후의 움직임을 계속 주시하는 게 바로 요령이라는 사실을 배웠다. 전환점을 넘어선 다음 힘이 떨어졌다 싶으면 그때 과감하게 시장에서 빠져나오는 건 그리 어려운 일이 아니라는 사실도 알게 되었다. 이렇게 입장을 선회해 매도로 넘어간 경우도 많았다.

다만 참을성을 잃고 전환점이 나타날 때까지 기다리지 못하거나 작은 수익에 급급해 허둥거릴 때마다 나는 반드시 손해를 보았다. 베들레헴스틸 주식 거래 이후로는 주식시장에서 고가 주식에 대한 다양한 형태의 주식 분할이 이루어지는 경우가 많았고 그 때문에 앞서 보여주었던 것과 같은 기회는 그다지 자주 나타나지 않았다. 그럼에도 불구하고 전환점을 확인할 수 있는 또 다른 방법들이 있었다.

예를 들어 최근 2년에서 3년 사이에 새롭게 상장된 주식이 있다고 가정해보자. 이 주식은 20달러 정도가 최고 가격이며 바로 2년에서 3년 전쯤 기록된 가격이다. 그런데 만일 소위 말하는 호재가 연속으로 일어나며 주가가 상승하기 시작한다면 보통은 주가가 신고가에 도달했을 때 바로 안전하게 매수를 할 수 있는 시점이다.

여기 어떤 주식이 50달러, 60달러, 혹은 70달러쯤 되는 가격에서 거래되다가 다시 20달러 정도 떨어진 가격에 거래가 되었다고 상상해보자. 이 주식은 이후 1년에서 2년가량 이 정도 수준에서 등락을 거듭했다. 그런데 이 주식이 다시 이전 저점보다도 더 낮은 가격으로 거래된다면 앞으로 주가가 크게 폭락할 가능성이 있다. 왜냐고? 그 회사에 뭔가 문제가 발생했을 가능성이 대단히 크기 때문이다.

시간이라는 요소까지 고려해가며 주가를 꾸준히 기록해둔다면 많은 전환점을 찾아낼 수 있으며 예상치 못한 시장의 빠른 움직임에 제대로 대응할 수 있다.

그렇지만 이런 전환점을 바탕으로 주식을 매매하는 요령을 배우려면 참을성이 필요하다. 시간을 들여 이전의 기록을 연구하고 오직 자신만의 힘으로 새로운 기록을 해나가야 한다. 그리고 어느 정도 가격에서 전환점이 나타날지 예상해서 표시해놓아야 한다. 이러한 작업의 결과는 정말로 기대 이상이었다. 전환점 분석 작업은 말 그대로 개인이 할 수 있는 최선의 수단이라는 사실을 모두 알게 될 것이다.

자신의 판단만으로 성공적인 매매가 이루어졌을 때 느끼는 만족감과 기쁨은 이루 말할 수 없다. 이런 식으로 수익을 거두었을 때 누군가 다른 사람이 제시한 요령이나 지침을 통해 얻을 수 있는 만족감보다 훨씬 더 큰 만족감을 얻을 수 있다는 사실을 곧 알게 될 것이다. 자신이 직접 뭔가를 찾아내고, 자신의 원칙대로 매매에 나서며 참을성을 기르고 또 위험 신호를 주목하게 된다면 이를 바탕으로 적절하게 사고할 수 있는 방법도 개발할 수 있을 것이다.

제7장에서 나만의 시장 분석 방법과 함께 좀 더 복잡한 수준의 전환점 확인 방법을 자세히 설명하려고 한다. 저 누군가 다른 사람의 추천이나 정보 등을 통해 주식시장에서 돈을 버는 경우는 거의 찾아볼 수 없다. 많은 사람이 그런 정보를 찾아 헤매지만 그들은 정작 제대로 활용할 방법을 알지 못한다.

어느 날 밤 한 저녁 모임에서 나는 어떤 여성을 만났다. 이 여성은 끈질기게 매달리며 주식시장 정보를 얻어가려고 했다. 당시 시장이 약세였기 때문에 나는 그 여자에게 그날 전환점을 돌파했던 세로데파스코Cerro de Pasco라는 광산 회사의 주식을 추천했다. 그런데 다음 날 아침 시장이 열리자마자 이 광산 회사의 주식 가격이 올라가기 시작하더니 일주일 동안 사소한 조정을 제외하면 주가가 15달러나 올라갔다. 그리고 나서 위험 신호가 감지되었다. 나는 모임에서 만났던 여성이 생각났고 아내를 시켜 빨리 주식을 처분해야 한다고 연락하게 했다.

그런데 세상에 이럴 수가 있을까. 그 여성은 주식을 한 주도 사지 않았다. 그녀는 그저 내가 귀띔해준 정보가 맞는지 안 맞는지를 확인하고 싶었던 것이다! 소위 말하는 시장의 정보란 다 이런 식으로 흘러간다.

다른 상품이 거래되는 시장에서 이런 관심이 갈만한 전환점이 비교적 자주 나타난다. 코코아는 뉴욕코코아거래소New York

Cocoa Exchange에서 거래된다. 최근 몇 년 사이 이 코코아 시장에서 투기자들의 관심을 끌 만한 그런 움직임이 일어나지 않았다. 하지만 투기를 사업으로 생각하는 사람들은 좋은 기회가 나타나기를 기다리며 시장 전체의 상황을 쉬지 않고 확인한다.

1934년 한 해 동안 12월이 만기인 코코아 옵션 가격은 2월에는 6.23달러로 고점을, 10월에는 4.28달러로 저점을 기록했다. 1935년에는 2월에 5.74달러의 고점을, 6월에 4.54달러의 저점을 기록했다. 1936년의 저점은 3월의 5.13달러였다. 그런데 바로 같은 해 8월 몇 가지 이유 때문에 코코아 시장이 크게 요동쳤다. 우선 거래가 크게 늘어났다. 8월의 판매가는 6.88달러까지 올라갔는데 이는 지난 2년 동안 있었던 최고 수준이며 최근에 확인된 두 차례의 전환점도 웃도는 수준이었다.

9월이 되자 코코아 가격은 7.51달러까지 올라갔고 10월에는 무려 8.70달러가 되었다. 11월의 코코아 가격은 10.80달러, 12월에는 11.40달러, 이듬해인 1937년 1월에는 12.86달러로 최고가를 경신했다. 일반적인 수준의 대수롭지 않은 조정이 몇 차례 있었을 뿐 전체적으로 보면 불과 5개월 동안 6달러 이상 가격이 상승한 것이다.

코코아라는 상품의 가격은 매년 일반적인 수준으로만 움직임이 있었기 때문에 이 정도 급격한 가격 상승이 일어난 데는 분명 그만한 이유가 있어야 했다. 그리고 그 이유는 다름 아닌 코코아의 극심한 공급 부족 때문이었다. 전환점을 자세하게 관찰했던 사람들은 이 코코아 시장에서 대단히 좋은 기회를 찾아낼 수 있었다.

이제 자신의 공책에 가격을 기록하고 그 움직임을 관찰해야 할 때다. 그러면 뭔가를 곧 깨달을 수 있다. 자신이 막연하게 그려가던 주식시장에 대한 그림이 어떤 특정한 형태를 갖춰가고 있다는 사실을 알게 되는 것이다. 그동안 해왔던 기록은 현재 시장이 흘러가는 지금 자신이 그동안 해왔던 기록은 현재 형성되어가고 있는 상황을 확실하게 보여주고 있다. 그러고 나서 그동안의 기록을 살펴보며 지난번 비슷한 상황에서 시장이 어떻게 움직였는지를 다시 보게 된다. 주의 깊은 분석과 명확한 판단을 바탕으로 자신만의 의견을 이끌어 내게 되는 것이다.

가격의 움직임을 보면 모든 시장의 움직임이란 결국 가격 변동이 반복되는 것에 불과하다는 사실을 알 수 있다. 따라서 과거의 가격 움직임에 익숙해지는 순간 앞으로 있을 움직임을 예측하여 거기에 맞게 행동하고 수익을 올릴 수 있다. 내가 강조하고 싶은 사실은 다음과 같다.

"나는 내가 작성한 주가 기록표가 완벽하다고 생각하지 않지만 그 기록들은 분명 나에게 도움이 된다."

나는 미래를 예측할 수 있는 기준이 있다고 생각한다. 그리고 만일 누군가 자신만의 기록을 꾸준히 해나가며 자세히 연구한다면 실패 없이 주식시장에서 성공을 거둘 수 있을 것이다.

앞으로 또 다른 사람들이 나의 이런 기록 방식으로 인하여 오히려 나보다 더 많은 돈을 벌게 된다고 해도 나는 조금도 놀라지 않을 것이다. 다른 사람들보다 내가 먼저 주가 기록표를 작성했을 뿐, 나의 뒤를 따라 새롭게 시작하는 사람들이 내 기록을 분석하는 과정에서 미처 내가 깨닫지 못했던 가치 있는 내용을 발견하고 투자에 적용할 것이기 때문이다.

무엇보다 나는 지금까지 이런 방식을 동원해 나의 개인적인 목적을 충분히 달성했다. 그 때문에 더 이상 어떤 전환점이나 신호, 그리고 정보를 더 찾으려고 시도하지 않을 것 같다. 앞으로 누군가 나의 방법을 더 발전시키고 여기에 새로운 발상을 더해 적용한다면 내가 제시했던 이 기본적인 방법의 가치가 더욱 올라가지 않을까.

정말 그렇게만 된다면 나는 결코 그 성공을 질투하지 않을 것이다. 그러니 모두 안심하고 도전하라!

6장

100만 달러짜리 실수

자신의 실수를 깨달았다면 먼저 상황을 파악하고 손해를 인정하라.
그러고 나서 또 다른 기회가 올 때까지 기다려라.

_ 제시 리버모어

이제부터 나는 일반적인 투자의 원칙 몇 가지를 설명하고자 한다. 그리고 시간이라는 요소와 자금 관리, 그리고 감정 조절 등 또 다른 세 가지 요소를 접목한 나의 원칙에 대해서는 다음 장에 설명하기로 하겠다. 일반적인 원칙을 생각할 때 반드시 짚고 넘어가야 할 점은 충동적으로 매수나 매도를 하고 또 한 번에 최대한 많은 주식을 매수하려는 투기꾼들이 너무나 많다는 사실이다. 이런 현상은 대단히 잘못되었을 뿐더러 아주 위험하다.

어떤 주식을 500주 사들이고 싶다고 생각해보자. 그러면 우선 100주만 사들인다. 그러고 나서 가격이 오른다면 자신의 판단이 옳았다고 생각하며 다시 100주를 사들인 뒤 이 과정을 반복한다. 그렇지만 반드시 이전 가격보다 가격이 '더 올라갔을 때만' 추가로 매수해야만 한다.

공매도를 할 때도 역시 같은 원칙이 적용되어야 한다. 이전 가격보다 더 낮은 가격이 아니라면 절대 추가 매도에 나서서는 안 된다. 이 원칙을 잘 지킨다면 이미 알고 있는 다른 어떤 방식들을 따를 때보다 더 올바른 방향에서 시장을 따라갈 수 있을 것이다. 왜 이런 과정을 따르고 규칙을 지켜야 할까? 그래야만 거래할 때 언제나 수익을 거둘 수 있기 때문이다. 그리고 거래를 통해 '수익'이 발생한다는 것 자체가 우리가 옳았다는 증거가 된다.

나와 같은 길을 따르려면 우선 이렇게 시작하라. 특정 주식과 관련된 상황을 전체적으로 파악한다. 그러고 나서 어느 정도의 가격으로 시장에 들어갈 지를 결정해야 한다. 최초의 '매수' 가격, 그리고 공매도의 경우 최초의 '매도' 가격을 정해두라는 말이다.

자신이 미리 작성해둔 주가 기록들을 살펴보며 지난 몇 주 동안 있었던 흐름을 주의 깊게 연구한다. 그리고 전환점을 찾아라. 미리 점찍어 놓은 주식의 가격이 이전에 생각해 놓은 적절한 지점에 도착했을 때, 실제로 움직임이 시작되었다고 판단될 때가 바로 시장에 들어갈 시점이다.

일단 그렇게 시장에 뛰어들었으면 자신의 판단이 잘못되었을 때를 대비해서 자신이 감수할 만한 위험, 즉 손해 볼 수 있는 금액의 상한선을 정해두어야 한다.

이런 원칙에 따라 시장에 뛰어들었지만 두어 차례 손해를 입을 수도 있다. 그렇지만 반드시 원칙을 끝까지 고수하라. 시장에 다시 들어갈 수 있다면 전환점에 도달할 때마다 진짜 움직임에서 벗어날 수 없다. 다시 말해 기회를 일부러 놓치려고 해도 놓칠 수 없는 그런 위치에 들어가게 된다는 말이다.

그중에서 시기를 주의 깊게 결정하는 일이 중요하다. 참을성을 잃으면 그 대가를 치를 수밖에 없다. 그런 참을성 부족과 부주의한 시기 결정 때문에 100만 달러를 벌 수 있었던 기회를

날린 내 경험을 말하려고 한다. 물론 그때 일을 생각하면 지금
도 부끄러워 고개를 들 수 없을 정도다.

꽤 오래전에 나는 면화에 큰 기대를 걸었고 가격이 곧 크게
오를 것이라고 확신했다. 그렇지만 종종 경험하게 되는 것처럼
당시 면화 시장 전반적으로 준비되어 있지 않았다. 그래도 스
스로 내린 결론에 도달하자마자 곧 면화 시장에 고개를 들이밀
었다.

나는 먼저 면화 시장에서 2만 베일(bale, 면화 포장 단위, 1베
일은 약 218kg), 즉 2만 꾸러미를 사들였다. 내가 이렇게 개입하
자 조용하던 시장이 들썩이며 가격이 순식간에 15포인트 상승
했다. 마지막으로 내가 100베일을 매수하고 난 뒤 24시간이
지나지 않아 시장은 갑자기 주춤거렸고, 결국 면화 가격은 내
가 처음 거래에 나섰을 때 수준까지 떨어졌다. 그런 상태가 며
칠 동안 계속되었다. 그러다 마침내 나는 더 이상 참지 못하고
수수료를 포함해 약 3만 달러의 손해를 보고 보유하고 있던 면
화를 몽땅 처분해버렸다. 여기에서 나의 마지막 면화 100베일
은 조정 기간 가격 중 가장 낮은 가격에 거래되었다.

며칠이 지나고 나서 내 눈에는 시장이 다시 움직이는 것처
럼 보였다. 나는 여기에서 눈을 뗄 수 없었고 면화 시장이 크
게 요동치리라는 내 처음 생각을 다시 떠올리지 않을 수 없었

다. 그래서 나는 처분했던 면화 2만 베일을 다시 사들였다. 앞서 벌어졌던 상황이 반복되었다. 내가 개입하면서 시장이 조금 움직이는 듯 하더니 또 얼마 지나 면화 가격이 뚝 떨어지고 말았던 것이다. 조바심이 난 나는 다시 한번 면화를 처분했고 역시 마지막 물량은 최저가에 넘기고 말았다.

나는 6주에 걸쳐 이런 실수를 다섯 차례나 반복했으며 그때마다 2만 5,000달러에서 3만 달러를 손해보았다. 나는 스스로에 대한 실망감이 치밀어 올랐다. 거래를 통한 만족감 같은 건 어디에도 없었고, 거의 20만 달러나 되는 거액을 날리고 말았다.

나는 내 사무실의 사무장인 해리 다치에게 다음 날 아침 내가 출근하기 전까지 면화 가격을 알려주는 주가 시세표를 치워버리라고 지시했다. 다시는 면화 시장을 들여다보고 싶은 그런 유혹에 빠지고 싶지 않았다. 기분이 너무나도 우울했다. 투기라는 사업을 벌이는 입장에서 이런 기분은 냉정하게 사고하는 데 전혀 도움되지 못했다.

자, 어떤 일이 벌어졌을까? 이제 면화에 대한 관심을 다 끊어버렸는데 이틀 후부터 면화 가격이 올라가기 시작했고 결국 500포인트나 상승했다. 그런 깜짝 놀랄만한 상승세 속에서도 조정은 한 차례밖에 일어나지 않았다. 그나마 그 조정폭도 '40

포인트'에 그쳤다.

그렇게 나는 내가 가장 안전하면서도 전망이 좋다고 생각했던 분야에서 실패를 거두었다. 실패에는 두 가지 근본적인 이유가 있었다.

첫째, 나에게는 '참을성'이 부족했다. 나는 적절하게 심리적 시간이 될 때까지 기다리지 못하고 시장에 뛰어들었다. 나는 면화가 1파운드당 12센트에 거래되는 상황이 되면 앞으로 면화 가격이 훨씬 더 크게 올라갈 것이라고 정확하게 판단했다. 그렇지만 정말 안타깝게도 나에게는 그때까지 기다릴 수 있는 잘 단련된 참을성이 부족했다. 나는 그저 적절한 때가 되기도 전에 얼마 되지 않는 이익을 빨리 거둬들여야 한다고만 생각했다. 그렇게 시장 상황이 제대로 무르익기도 전에 행동에 나서고 말았다. 이렇게 해서 나는 20만 달러라는 현금을 잃었을 뿐만 아니라 100만 달러를 벌 수 있는 기회조차 날려버리고 말았다. 내가 처음 마음먹었던 계획은 전환점이 나타난 이후 10만 베일의 면화를 조금씩 사들이는 것이었고 제대로만 되었다면 베일 당 200포인트 이상의 수익을 실현할 수 있었을 것이다.

둘째, 나는 스스로 잘못된 판단을 내림으로써 제대로 된 투기 계획과 멀어졌고 그 때문에 면화 시장에 대해 차츰 더화를 내게 되었다. 내가 손해를 본 건 전적으로 처음 생각했던 계획이 무르익을 때까지 기다릴 만한 참을성이 부족했기 때문이었다.

아주 오래전 나는 상황이 잘못되었을 경우 그 어떤 변명도 하지 말아야 한다는 걸 배웠다. 나뿐만 아니라 다른 모든 사람이 새겨둘 만한 교훈이었다. 실수를 저질렀는가? 그렇다면 그걸 있는 그대로 받아들이고 거기에서 뭔가를 얻어내면 그뿐이다. 자신이 실수를 저질렀을 때를 가장 잘 아는 건 바로 자기 자신이다. 투기자의 경우 시장을 통해 자신의 실수를 알게 되는 건 바로 손해를 보았을 때다. 그렇게 자신의 실수를 깨달았다면 먼저 상황을 파악하고 손해를 인정하라. 미소를 잃지 않으려고 노력하며 실수를 불러왔던 자신의 결정을 다시 검토하라. 그리고 나서 다른 큰 기회가 올 때까지 기다려라. 어떤 일을 오래 하다 보면 이런 일 저런 일을 겪게 마련이다.

시장을 통해 알게 되기 전에 먼저 자신의 실수를 깨닫게 되는 그런 감각은 결국 시간이 지날수록 점점 더 발달하게 된다. 일종의 잠재의식이 보내는 신호라고나 할까. 내 자신의 내부에서 들려오는 이런 신호는 시장의 과거 기록에 대한 지식을 바탕으로 하고 있으며 때로는 이런 신호가 내 행동의 기준이 될 때도 있다. 그렇다면 이 부분에 대해 좀 더 자세히 알아보자.

1920년대 후반 시장이 호황일 무렵 나는 상당히 오랜 기간 동안 다양한 주식을 대량으로 보유하고 있었다. 때때로 일반적인 조정 국면이 일어나기는 했어도 나는 한 번도 이런 상황에서 어떤 불안감을 느껴본 적이 없었다.

그렇지만 그날 하루 일과가 끝나면 바로 조급한 마음이 들 때가 문득문득 있었다. 그런 날 밤이면 나는 쉽게 잠들지 못했다. 무언가 내 의식을 뒤흔드는 것 같았고 그러면 나는 잠에서 깨어나 시장에 대해 생각하기 시작했다. 그렇게 다음 날 아침이 되면 두려움에 떨면서 그날 신문을 펼쳐 들었다. 혹시나 밤 사이에 무슨 일이 벌어지지는 않았을까 걱정하면서. 그렇지만 세상은 아주 평온했고 지난 밤 느꼈던 내 기묘한 불안감은 다 쓸데없는 것처럼 생각되었다. 오늘 아침 시장도 상승세로 출발했고 모든 것이 완벽했다. 어쩌면 그날 시장은 정점을 찍게 될지도 몰랐다. 누군가는 전날 불면의 밤을 보낸 나를 쳐다보며 비웃겠지. 하지만 나는 경솔한 웃음 같은 건 터트리지 말아야 한다는 사실을 과거의 경험을 통해 배웠다.

다음 날 상황이 완전히 달라질 수 있다는 보장이 있을까? 천재지변 같은 나쁜 소식은 없더라도 한동안 오래 지속되던 시장의 흐름이 갑자기 다른 방향으로 바뀌기도 한다. 그런 날이면 정말로 마음이 불안해진다. 가능한 한 빨리 많은 규모의 주식을 정리해야만 하는 상황에 직면하기 때문이다. 불과 하루 전만 하더라도 최고가와 거의 별다른 가격 차이 없이 모든 걸 정리할 수 있었겠지만 오늘은 또 상황이 완전히 바뀌었다.

아마도 많은 투기자나 투기자에게 모든 상황이 장밋빛으로 보이는 그 순간에도 마음속에서 어떤 위험 신호를 느끼는 그런 비슷한 경험을 해보았을 거라고 생각한다. 그건 시장에서 오랫동안 활동하며 연구를 게을리하지 않은 사람에게 발현되는 특별한 감각 중 하나다. 솔직히 말하면 나는 내면에서 들리는 신호를 언제나 무시했고 대부분 냉철하고 과학적인 방식을 더 선호한다. 그럼에도 불구하고 이런 감당할 수 없을 만큼의 불안한 감각에 주의를 기울였다가 큰 도움을 받은 적이 많다는 사실을 인정할 수밖에 없다.

투자나 투기에 있어 이런 신기한 이야기가 더 흥미롭게 다가오는 건, 시장의 흐름에 늘 신경을 곤두세우고 과학적인 방식으로 그 흐름을 찾아내려고 애쓰는 사람들에게 위험을 느끼는 감각이 먼저 발달한다는 사실 때문이다. 대부분 일반적인 투기자들은 그저 어디서 듣거나 혹은 지라시에서 본 내용만으로 상승세인지 혹은 하락세인지 판단하려 한다.

수백만 명이 넘는 시장의 많은 투기자 중에 전심전력을 다해 투기에 열중하는 사람은 극소수에 불과하다는 사실을 명심하자. 이들 중 대다수는 그저 요행수만 바라고 있지만 거기에는 분명 큰 대가가 따를 뿐이다. 업계의 전문가나 탁월한 사업가, 그리고 현역에서 퇴직한 사람들조차 주식을 별반 신경 쓰지 않는 부업 정도로만 생각한다. 게다가 이들 중 대부분 중개인이나 동료들로부터 좋은 정보를 얻지 못하면 아예 시장에 들어오지도 않는 사람들이다.

때로는 거대 기업의 고위급 임원인 친구로부터 중요한 내부 정보를 얻어듣고 시장에 기웃거리기 시작하는 사람들도 있다. 그런 상황을 상상하며 한번 이야기해보자.

어느 대기업에 다니는 친구와 점심이나 저녁 식사를 함께하는 자리다. 별반 중요하지 않은 이야기가 한동안 이어진다. 그러다 문득 친구에게 회사에 대해 넌지시 묻는다. "아, 우리 회사? 잘 나가고 있지." 이제 막 기세가 올라 앞으로의 전망이 밝을 것이라는 대답이 돌아온다. 친구의 말이 사실이라면 지금이 바로 그 회사 주식을 매수할 때다. "정말로 좋은 기회야." 친구는 이런 말을 덧붙인다. "실적이 크게 올라갈 거야. 솔직히 말해 지난 몇 년 동안과는 비교도 안 될 수준이지. 지난번 호황 때 우리 회사 주가가 어느 정도였는지 기억나지?"

친구의 이런 말을 들으니 한껏 흥분되어 그 즉시 다른 생각할 겨를도 없이 그 회사의 주식을 사들인다. 분기별 재무제표를 봐도 항상 이전 분기보다 실적이 더 올라가고 있다. 게다가 추가 배당금을 지급하겠다는 발표도 있었다. 주가는 끊임없이 올라간다. 그리고 장부상의 이익을 확인하며 달콤한 꿈에 젖는다. 그런데 갑자기 어느 때부터인가 이 회사의 실적이 급격하게 떨어지기 시작한다. 도대체 무슨 영문인지 잘 모르겠다. 그저 자신이 보유하고 있는 주식 가격이 폭락하고 있다는 사실만 알 수 있을 뿐. 서둘러 친구에게 전화를 건다.

"아, 그래." 친구가 대답한다. "주가가 약간 떨어지기는 했지. 그렇지만 그저 일시적인 현상으로 보여. 영업 실적이 조금 떨어져서 그런 거지. 대부분 공매도 세력 때문에 발생한 문제야."

친구는 아마도 별반 중요하지 않은 이야기를 계속 늘어놓으며 진실을 감추려 할 것이다. 분명히 이 친구와 회사 중역들은 자사의 주식을 다량 보유하고 있을 것이며 그렇기 때문에 자사 실적에 문제가 발생했다는 확실한 신호가 잡히자마자 시장에 보유하고 있는 물량을 최대한 빨리 처분하고 있을 것이다. 친구에게 그런 사실을 말해주었다가는 매도하는 경쟁자만 더 늘어난다는 뜻이며 앞으로도 비슷한 처지인 사람들 사이에서 매도 경쟁은 더 치열해질 것이다. 그러니 이건 본인이 살아남기 위한 자구책이나 다름없다.

내부자가 알려주는 정보 대부분 매수 시점과 관련이 있다. 그렇지만 내부자인 친구는 매도 시점은 알려주지 않는다. 왜 그런지 그 이유는 앞에서 설명했다. 매도 정보는 동료들 사이에서 거의 배신이나 마찬가지인 행위니까.

나로서는 언제나 작은 공책 하나를 들고 다니라고 강력하게 권하고 싶다. 뭔가 흥미로운 시장 정보가 있다면 흘려버리지 말고 공책에 적어라. 앞으로 도움이 될 수 있는 생각, 이따금 되짚어볼 만한 발상들, 가격의 흐름을 보며 느낀 개인적인 사소한 감상 등등. 그리고 공책의 첫 장에는 이런 글귀를 아주 진하게 또박또박 써넣기를 바란다. "회사 내부 정보를 경계하라. 어떤 내부 정보든 전부!"

투자나 투기에서 성공은 단지 노력하는 사람에게 온다는 사실은 아무리 강조해도 지나치지 않다. 누구도 우리에게 공짜로 돈을 주지 않는다. 어느 돈 한 푼 없는 떠돌이가 배가 고프다고 해서 식당에 들어가 이렇게 말한다면 어떻게 될까. "아주 크고 맛도 좋고 육즙도 듬뿍 있는 그런 스테이크를 하나 주시오." 또 이렇게 덧붙인다. "아, 그리고 좀 빨리해달라고 해요." 그러면 그 식당의 종업원은 아마도 이렇게 툴툴거릴 것이다. "주방장 말이 그런 스테이크가 있으면 자기가 먼저 먹겠답니다."

쉽게 벌 수 있는 돈이 사방에 널려 있다고 해도 아무도 그걸 내 주머니 속에 억지로 쑤셔 넣어 주는 일은 결코 일어나지 않는다.

7장

300만 달러의 수익

다양한 정보를 수집하고 투자 지식이 풍부한 참을성 있는
투기자라면 언제나 밝은 미래가 기다리고 있을 것이다.

_ 제시 리버모어

앞에서 나는 제대로 참지 못했던 탓에 큰 수익을 낼 만한 기회를 놓쳤던 과정을 이야기했다. 이제는 나만의 시간을 정하고 심리적 시간이 무르익을 때까지 기다렸을 때 얻었던 결과에 관하여 이야기하려 한다.

1924년 여름, 밀의 가격이 내가 전환점으로 생각하는 지점에 도달했다. 그래서 나는 밀 시장에 뛰어들어 500만 부셸(bushel, 밀 1부셸은 27.2kg)을 사들였다. 당시 밀 시장의 규모는 엄청나게 컸고 그 정도 매수 주문으로는 밀 가격에 별다른 영향을 미치지 않았다. 주식시장 규모로 보면 한 종목의 주식을 5만 주가량 사들이는 것과 비슷한 효과였을 것이다.

내가 매수 주문을 낸 후 밀 시장은 며칠 동안 별다른 움직임이 없었다. 다만 전환점 아래로 가격이 떨어지는 일도 없었다. 그러다가 다시 가격이 상승하기 시작하면서 이전 가격보다 몇 센트 정도 올랐다. 일반적인 조정 국면이었다. 그렇게 조금 가격이 올랐다고 다시 시장은 며칠 동안 움직이지 않았다.

다음 전환점이 시작되자 곧 나는 500만 부셸을 추가로 사들였다. 이번에는 전환점 가격보다 평균 1.5센트가 더 높았기 때문에 시장이 상승세로 돌아서고 있다는 확실한 신호로 받아들였다. 왜냐하면 두 번째로 500만 부셸의 물량을 확보하는 일이 처음보다 훨씬 더 어려워졌기 때문이었다.

두 번째로 주문을 마치자 처음과는 달리 바로 다음 날 가격이 3센트 올랐다. 밀 시장에 대한 내 분석이 옳았을 경우 나타나야 하는 바로 그 현상이었다. 그때부터 진짜 상승세라고 볼 수 있는 상황이 전개되는 것일 수도 있었다. 다시 말해 내 계산에 따르면 적어도 몇 개월은 계속 이어질 강력한 추세가 시작된 것이다. 그렇지만 당시 내가 앞으로 펼쳐질 수 있는 모든 상황을 완벽하게 파악하고 있었던 것은 아니었다.

그래서 나는 1부셸당 25센트의 차익을 남기고 모든 밀을 다 현금으로 바꿔버렸다. 그 후 며칠 동안 가격은 다시 20센트가량 뛰어올랐고 나는 그 모습을 그저 바라봐야만 했다. 나는 내가 큰 실수를 했다는 사실을 깨달았다. 왜 나는 애초에는 존재하지도 않았던 이익을 잃게 될까 봐 그렇게 걱정했을까? 정말 참을성과 용기를 가지고 끝까지 버텼어야 할 시점에 나는 참지 못하고 장부상 발생한 이익을 모두 현금으로 바꿔버렸던 것이다. 나는 곧 있으면 상승세가 전환점에 도달하게 될 것이고 그때쯤 여유를 두고 위험 신호를 파악해도 된다는 사실을 알고 있었다.

그래서 나는 다시 밀 시장에 들어가기로 결심했다. 이번에는 처음 매수를 했을 때보다 가격이 1부셸당 평균 25센트 정도 더 높았다. 나는 다시 500만 부셸을 사들일 용기가 없었기에 이번에는 그 절반만 주문했다. 하지만 그때부터는 참을성을 발휘해 위험 신호가 나타날 때까지 그대로 기다렸다.

1925년 1월 28일에 밀은 1부셸당 평균 2.05달러라는 높은 가격에 거래되었다. 2월 11일에는 1부셸당 1.77달러를 기록했다. 밀의 가격이 이렇게 치솟고 있는 동안 또 다른 상품인 호밀역시 밀보다 훨씬 더 큰 상승세를 보였다. 그렇지만 호밀 시장은 밀 시장과 비교하면 아주 규모가 작았고 따라서 상대적으로적은 물량만 주문해도 호밀 가격이 가파르게 상승할 수 있었다.

호밀 시장의 경우 나는 종종 상당히 많은 분량을 보유하고있기도 했고 또 나 못지않게 투자를 많이 한 사람들도 여럿 있었다. 그중 한 사람은 몇백만 부셸에 이를 때까지 계속해서 호밀을 매수했고 밀도 그만큼 보유하고 있었다. 그는 밀 시장이흔들릴 때를 대비해 호밀을 사들였고, 호밀 시장이 흔들릴 때를 대비해 밀을 사들여 대비하는 식으로 투자를 하고 있었다.

그런데 앞서 언급했던 것처럼 호밀 시장은 밀 시장에 비해그 규모가 작기 때문에 대량의 호밀 매수는 가격 상승을 유발할 수 있었으며 이에 따라 밀 시장이 영향을 받는 건 너무도 당연한 일이었다. 결국 이렇게 호밀 시장이 요동을 칠 때마다 일반 투자자들은 서둘러 밀을 매수하였고, 그 결과 밀 가격은 신고가를 기록하게 되었다.

시장의 중요한 흐름이 끝날 때까지 이런 과정이 계속 되풀이되었다. 밀 가격이 조정 국면에 들어가면 거기에 따라 호밀가격도 조정받았다. 밀이 28센트 가격 조정을 받았을 때 1925

년 1월 28일 호밀 역시 1부셸당 가격이 1.82달러에서 1.54달러로 떨어지며 28센트 조정을 받았다.

3월 2일이 되자 5월이 만기로 되어 있는 밀 선물 가격이 이전 고가에서 3센트 정도만 차이나는 1부셸당 2.02달러에 거래되었다. 하지만 호밀 가격은 밀과 비슷한 수준으로 회복되지 못했다. 호밀의 거래 가격은 1.70달러였으며 이는 이전 고가보다 12센트나 떨어진 수준이었다.

그때까지 시장을 대강 지켜보고 있던 나는 갑자기 뭔가 잘못되었다는 생각이 강하게 들었다. 곡물 시장에서 상승세가 진행되는 동안 언제나 호밀 가격이 밀 가격보다 앞서 움직였기 때문이었다. 그런데 이번에는 밀 가격이 호밀 가격보다 앞서 움직이고 있었다. 밀은 이제 비정상적인 가격 조정 국면을 끝내고 이전의 수준을 거의 회복했는데 호밀은 여전히 이전 고가보다 아직 12센트나 낮은 상태였다. 정말로 보기 드문 일이 벌어지고 있었다!

나는 호밀 가격이 밀 가격만큼 회복되지 못한 이유를 알아내기 위해 분석 작업에 들어갔다. 그러고 나서 그 이유를 바로 알아냈다. 사람들의 관심은 호밀이 아닌 밀에만 쏠려 있었던 것이다.

한 사람의 투기자가 큰 영향을 미칠 수 있는 단일 시장에서 왜 갑자기 사람들은 호밀 시장을 떠나게 되었을까? 아마도 그렇게 시장과 일반 투자자 모두에게 영향을 미치는 누군가가 호밀 시장에 대한 관심을 잃고 그의 막대한 거래량을 다 청산했거나 아니면 밀과 호밀 시장 양쪽에 너무 많이 개입해 있어 더 이상 호밀 시장에 영향력을 행사할 여력이 없거나 둘 중 하나일 것이다.

나는 그 투기자가 호밀 시장에 아직 남아 있든 빠져나갔든 시장의 관점에서 보면 결과는 마찬가지라고 생각했고, 호밀 시장에 영향은 없을 거라고 판단했기 때문에 정말 그런지 내 이론을 검증해보기로 했다.

가장 최근의 호밀 가격은 1부셸당 1.69달러였다. 나는 호밀 시장의 상황을 파악해보기 위해 일단 '시장가'로 20만 부셸을 매도했다. 그때 밀 가격은 2.02달러였다. 매도 주문이 완료될 때까지 호밀 가격은 1부셸당 3센트가 떨어졌지만, 주문이 완료되고 2분이 지나자 가격은 약간 올라 1.68달러가 되었다.

나는 이 과정을 통해 호밀 시장에서 매매량이 얼마 되지 않는다는 사실을 알게 되었다. 그렇긴 하지만 나로서는 앞으로 상황이 어떻게 될지 알 수 없었기 때문에 20만 부셸을 추가로 매도했다. 하지만 결과는 마찬가지였다. 매도 주문을 내자 가격은 3센트 하락했지만, 역시 주문이 완료되자 가격이 약간 상승했다. 다만 전에는 1부셸당 2센트가 올랐지만 이번에는 1센트 오르는 데 그쳤다.

나는 여전히 호밀 시장의 상황에 대한 나의 분석이 옳았는 지 확신이 서지 않았다. 그래서 또다시 20만 부셸을 추가로 매도했고 이번에도 결과는 똑같았다. 주문을 내자 가격은 다시 떨어졌다. 그런데 이번에는 반등이 없었다. 오히려 관성이 붙어 가격이 계속 떨어지기 시작했다.

내가 기다리고 있던 바로 그 신호가 떨어졌다. 누군가 밀 시장에 대규모로 개입을 하고 있는데 어떤 이유로든 호밀 시장을 그냥 포기했다면 그 사람은 결국 밀 시장에서도 자신의 위치를 지켜나갈 수 없을 거라는 확신이 들었다.

나는 그 즉시 5월 만기의 밀 선물 500만 부셸에 대해 '시장가'로 매도 주문을 냈다. 그날 밀 가격은 1부셸당 2.01달러에서 1.99달러로 하락하다가 최종적으로 1.97달러 선에서 마감되었다. 호밀 가격은 1.65달러였다. 나는 최종적으로 2달러에 나의 주문이 완료되었다는 사실에 만족했다. 2달러가 직전 전환점이었고 시장 가격이 이 전환점 밑으로 떨어졌다는 건 내 판단이 정확하다는 증거였기 때문이다. 나는 이 거래에 대해 조금도 염려하지 않았다.

그로부터 며칠 후 나는 밀 시장에 대한 나의 판단을 확인하겠다는 목적으로 매도했던 호밀을 다시 매수했고 이 과정에서 25만 달러의 수익을 올렸다. 그러는 사이 밀도 매도를 계속해 그 규모는 총 1500만 부셸에 이르렀다. 3월 16일에 5월 만기 밀 선물 가격은 1.64달러에 마감되었고 다음 날 아침 영국 리버풀에서는 그보다 3센트 더 낮게 거래되었기 때문에 이른바 동일 가격의 원칙에 따라 미국 시장에서도 1.61달러 선에서 가격이 형성되어야 했다.

그런데 여기서 경험상 해서는 안 될 행동을 하고 말았다. 시장이 열리기도 전에 특정 가격을 지정해 주문을 내버렸던 것이다. 유혹 때문에 판단력이 흐려지면서 나는 1.61달러에 500만 부셸에 대한 매수 주문을 냈다. 전날 종가보다 3센트 낮은 가격이었다. 시장이 열리자 가격은 1.61달러에서 1.54달러 안에서 형성되었다. 나는 이렇게 중얼거렸다. "어기면 안 되는 규칙을 어겼으니 어쩔 수 없는 일이지."

인간의 본능이 판단력을 이겨버린 또 하나의 사례라고나 할까. 나는 내가 생각한 가격인 1.61달러에 가격이 형성될 거로 생각하고 도박을 걸었다. 1.61달러는 시가 범위의 상한가에 해당했다. 실제 가격이 1.54달러가 되는 것을 보고 나서 500만 부셸을 추가로 매수했다. 그리고 얼마 지나지 않아 다음과 같은 명세서가 날아왔다.

"5월 만기 밀 선물 500만 부셸. 가격 1.53달러."

나는 다시 500만 부셸을 추가로 매수했다. 1분이 지나지 않아 다음과 같은 명세서를 받았다. "5월 만기 밀 선물 500만 부셸. 1.53달러" 나는 당연히 이게 나의 세 번째 주문에 대한 명세서라고 생각을 했고 1차 주문에 대한 명세서를 요청했다. 그러자 이런 대답이 날아왔다.

> "처음에 받은 500만 부셸 매수 주문 명세서가 1차 주문에 대한 내용임"
>
> "두 번째로 받은 500만 부셸 매수 주문 명세서가 2차 주문의 체결 내용임"
>
> "3차 주문에 대한 내용은 아래와 같음"
>
> • 350만 부셸. 가격 1.53달러
>
> • 100만 부셸. 가격 1.53과 1/8달러
>
> • 50만 부셸. 가격 1.53과 1/4달러

그날의 저가는 1.51달러였고 이튿날 밀 가격은 1.64달러 선을 회복했다. 이런 종류의 가격 지정 주문과 관련해 이렇게 결과를 받아본 건 이때가 처음이었다. 나는 1.61달러에 500만 부셸에 대한 매수 주문을 냈는데 실제로는 7센트나 낮은 1.54달러에 주문이 완료되었다. 이를 금액으로 환산하면 35만 달러나 차이난다.

얼마 후 나는 우연히 시카고에 갔다가 내 주문을 담당하는 책임자를 만나 내 첫 번째 주문이 어떻게 그런 가격으로 마무리될 수 있었는지를 물었다. 그러자 이 담당자가 그 사정을 들려주었다. 그는 우연히 '시장가'로 3500만 부셸의 매도 주문이 있다는 사실을 알게 되었다. 이렇게 되면 시가가 아무리 낮게 형성되더라도 실제로 시장이 열린 후에는 이런 대량의 매물 때문에 더 낮은 가격이 형성된다. 그래서 그는 더 기다렸다가 실제 '시장가'로 내 주문을 완료했다는 것이었다. 그는 그때 내가 매수 주문을 넣지 않았다면 호밀의 가격은 아마 더 떨어졌을 거라고 말했다. 어쨌든 나는 모두 합쳐 최종적으로 300만 달러의 이익을 얻었다.

이 일화는 투기 시장에서 공매도 세력이 갖고 있는 위력을 보여준다. 공매도 세력은 공매도 물량을 정리하려 할 때 자발적인 매수자가 되며 그런 의도적인 매수자들, 즉 공매도 세력은 시장이 공황에 빠져들 때 꼭 필요한 시장의 안정 세력 역할을 수행한다.

지금은 상품거래관리위원회Commodities Exchange Administration에서 곡물 시장에서의 개인 거래량을 200만 부셸로 제한하고 있다. 주식시장에서는 개인 거래 규모를 제한하지 않지만, 누구든 지금의 주식시장 규정을 적용할 경우 이 정도 규모의 공매도를 실현하는 건 역시 불가능한 일이다.

따라서 나는 구식 투기자들의 시대는 이제 끝났다고 생각한다. 앞으로는 일반 투자자들이 이들의 자리를 대신하게 될 것이다. 이 일반 투자자들은 시장에서 빠른 시간 안에 큰돈을 벌 수는 없을 것이다. 그렇지만 주어진 기간에 더 많은 돈을 벌 수 있지 않을까. 그리고 앞으로 그런 투자자로 성공하려면 오직 심리적 시간에 맞춰 거래에 나서야 할 것이며 그들은 그 규모에 상관없이 시장의 추세에 따라 전적으로 투기에만 몰두하는 사람들보다 더 많은 이익을 시장에서 얻을 것이다.

다양한 정보를 수집하고 투자 지식이 풍부한 참을성 있는 투기자라면 언제나 밝은 미래가 기다리고 있을 것이다.

Jesse Livermore's
Methods of Trading in Stocks

———

2부

제시 리버모어
투자의 기술

_ 리처드 와이코프Richard Wyckoff

와이코프도 1900년대 성공한 투자자로 막강한 부를 누렸다. 1907년《월스트리트 매거진》을 창간하며 에디터로서 제시 리버모어를 인터뷰했다. 이미 자신만의 기법을 정립한 와이코프는 1920년대 리버모어를 인터뷰한 글들을 묶어 책을 출간했다. 2부의 글은 와이코프가 분석한 리버모어의 투자 전략을 담았다.

8장

리버모어와
《월스트리트 매거진》
과의 대담

주식시장에서 왕도란 없다.
성공하기 위해서는 먼저 조사하고 연구해야만 한다.
시장에 뛰어들기 전에 기본에 충실하라.
다른 모든 건 무시하기로 다짐하라.

_ 제시 리버모어, 《월스트리트 매거진》 1922년 8월호

다양한 정보를 수집하고 투자 지식이 풍부한 참을성 있는 투기자라면 언제나 밝은 미래가 기다리고 있을 것이다. 인간이 만든 모든 사회와 기업에는 계층과 각 계층을 선도하는 지도자 같은 인물이 있으며 이런 인물들은 자신이 속한 계층의 특성을 가장 잘 드러내는 탁월한 능력을 발휘한다.

이런 지도자들은 대중들의 투표로 뽑혀 그 자리에 오르는 것이 아니다. 이들은 각자의 노력을 통해 그 자리에 올랐으며 어떤 역경에도 굴하지 않고 어려움이 닥칠수록 더 많은 노력을 한다. 이들은 말 그대로 남들보다 한발 앞서 뛰어가며 더 탁월한 전술을 구사한다. 이들이 지도자 자리에 오르는 데 걸리는 시간은 상관없이 그 자리에 오르기만 하면 전 세계 구석구석 명성이 퍼져나간다. 전 세계의 언론은 일반 대중 앞에 내세울 수 있는 이런 새로운 우상을 끊임없이 찾고 있다.

예컨대 철강 산업의 선도자가 된 파렐Farrell이나 개리Gary 같은 인물을 모르는 사람은 없을 것이다. 또한 철도 산업을 일으켜 세운 새뮤얼 레아Samuel Rea며 앨프리드 스미스Alfred Smith, 하워드 엘리엇Howard Elliott, 저지 로벳Judge Lovett, 금융계의 거목인 J.P. 모건J. P. Morgan, 오토 칸Otto Kahn, 찰스 F. 사빈Charles F. Sabin, 프랭크 A. 반더리프Frank A. Vanderlip 등 해당 분야를 대표하는 이런 대가는 셀 수 없이 많다.

언론은 이런 선도적 인물의 업적을 널리 알리는 동시에 그

들의 비법이며 원칙, 그들의 삶 역시 대중에게 알리는 역할을
했다. 이런 인물들의 마음속 깊은 곳에 숨어 있는 진실을 파헤
치기 위해 온갖 질문들이 오갔고 대체로 답을 얻었다. 자신의
정체를 감추려는 사람을 찾기 어려울 정도로 유명 인사 대부분
언론에 협조적이었다.

하지만 늘 그렇듯 언제나 예외는 있다. 그리고 여기에 아주
특별한 예외가 있다. 이 예외적인 남자는 특정한 한 분야에서 감
히 누구도 넘보지 못할 정도로 자신의 위상을 크게 일으켜 세운
인물이지만 지금까지 자신의 정체를 잘 감춰왔고 일반 대중의
관심으로부터 철저하게 스스로를 지켜왔다. 이런 비밀주의가 더
깊은 인상을 심어주게 된 건 그가 선도하는 분야의 특성 때문이
었다. 그가 활약하는 분야는 다른 어떤 분야보다도 훨씬 더 많은
사람이 관심을 기울이고 적극적으로 참여하고 있다. 그리고 사
람들은 다른 누구보다도 그의 이야기를 더 듣고 싶어 한다.

그곳은 어디인가? 바로 채권이며 주식, 선물이 거래되는 투
자 시장이며 지금까지 소개한 그 분야의 일인자는 누구나 알고
있는 사람, 바로 제시 L. 리버모어다.

리버모어는 열다섯 살 때 처음 주식에 입문했고 성인이 되
기도 전에 1,000달러를 벌어서 모았다고 전해진다. 그는 전업
투자자가 동원할 수 있는 모든 기법을 동원했고 모든 투기 이
론을 공부했으며 뉴욕 증권 거래소에 상장된 모든 주식을 한

번씩은 매매했다. 이런 노력으로 인하여 엄청난 재산을 모았다가 파산했고, 파산을 통해 배운 교훈을 되새겨 매매를 다시 시작했으며 새롭게 재산을 끌어모았다.

그는 눈 깜짝할 사이에 자신의 거래 상황과 거래량을 바꾸는 것으로 유명했다. 오랫동안 보유하고 있던 수천 주의 주식을 전부 정리하기도 하고, 또 시장 상황을 전해주는 주가 시세표의 단 한 가지 소식을 근거로 수많은 주식을 다시 사들이기도 했다. 그는 훗날 이룬 업적이 아니었더라도 젊은 시절 사설 거래소에서 거둔 실적만으로도 다른 사람들의 관심을 받기에 충분한 사람이었다.

사실 처음 사설 거래소에서 쓴맛을 본 후 어쩔 수 없이 빈손으로 다시 시작해야 하는 경험을 겪었던 리버모어는 주변의 전문 투기꾼들을 물리치는 걸 중요한 목표로 삼기도 했었다. 다사다난했던 과거를 겪었던 리버모어는 바로 최근까지도 자신의 그런 과거 활약에 대해 절대적으로 침묵을 지켰다. 어쩌면 그는 뛰어난 전문가들만이 살아남을 수 있는 약육강식의 전쟁터에 끌어들이고 싶지 않았을지도 모른다.

애초에 자신의 경력을 자랑하는 일 자체에도 관심이 없었지만 그런 그가 평생에 걸쳐 온갖 쓰라린 경험과 노력을 통해 얻은 자신만의 기법이나 비밀을 선뜻 일반인들에게 내보여주는 건 적절한 행동이 아니라고 생각하는 게 어쩌면 당연한 일이 아니었을까.

리버모어가 《월스트리트 매거진》의 대담에 응하게 된 건 이 잡지의 과거 경력도 어느 정도 영향을 미쳤다. 《월스트리트 매거진》은 그동안 주식시장이라는 실제 현장에서 만났던 사람들과 그들의 방식, 이론, 그리고 기법 등을 좀 더 도움이 되는 방향으로 일반 대중에게 전달하기 위해 많은 노력을 기울여왔다.

유럽으로 휴가를 떠나기 전날 리버모어는 석탄 및 철도 업계의 파업 현황과 그 영향이 뚜렷하게 드러나기 전까지는 개별 주식들이 특별한 움직임을 보일 수는 있어도 현재 시장의 장기적인 상승세가 계속 지속될 것이라는 의견을 피력했다. 이런 상승세가 앞으로 몇 개월, 어쩌면 내년까지도 계속될 수 있다는 의견이었다.

제시 리버모어의 식견을 직접 듣다

"이제 조금씩 상황이 정상적으로 돌아가고 있다. 투자자들은 전쟁과 관련된 심리 상태에서 벗어나는 것이 대단히 중요하다. 커다란 수익과 배당금 때문에 지난 전쟁 동안 주기는 50포인트에서 수백 포인트가량 뛰어올랐지만 앞으로 몇 년 동안은 그런 커다란 변동이 또 있을 거라고 기대해서는 안 될 것이다.

베들레헴스틸이나 제너럴 모터스의 주식이 향후 몇 년 동안 그렇게 큰 변동을 누릴 것으로 기대해서는 안 된다. 베들레헴스틸과 제너럴 모터스의 주가가 수백 달러까지 치솟았던 과거는 잊어야 한다. 그런 상황을 초래했던 원인을 생각하면 이제 과거의 영광은 영원히 사라졌다는 사실을 알 수 있지 않을까."

"지금부터 예상할 수 있는 시장 상황에 적응하기 위한 가장 현명한 방법은 전쟁 전 있었던 시장의 특성을 되짚어보는 것이다. 그 당시만 해도 모든 업종이 같은 방향으로만 움직이지 않았다. 주가는 업종을 대표하는 종목의 상태에 따라 들쑥날쑥했다. 모든 주식이 외부의 지배적인 요인에 따라 한쪽 방향으로만 움직였다고 해서 지금도 그렇게 될 거라는 생각은 오판이다. 따라서 성공을 바란다면 좋은 것과 나쁜 것을 구별하기 위해 산업 자체에 관하여 깊은 연구를 해야만 한다. 어떤 업종의 어떤 종목이 장래성이 있는지 또는 없는지 말이다."

"예컨대 전쟁 중에는 관련 업종의 주가가 전례 없이 뛰어올랐지만, 그 이전까지 주요 투자 대상이었던 공공 산업이나 철도 관련 주가는 한 세대 이상 한 번도 보지 못했던 수준까지 떨어졌다."

"이제 상황은 크게 달라질 것이다. 공공 산업과 철도 산업은 조만간 제자리를 다시 찾을 것이고, 전쟁 관련 산업은 큰 수익을 올리거나 높은 주가를 기록하기 어려울 것이다."

"전쟁을 기반으로 하는 든든했던 투자처가 사라져가는 지금 일반 투자자들은 기존의 유망 투자처에서 기회를 찾아야 한다. 단기 금융 시장의 수익률이 3퍼센트에서 4퍼센트를 오가고 있는 지금 1920년에서 1921년 대공황 시절 동안 배당률이 두세 배 이상 올라가고 계속해서 상당한 배당을 할 수 있었던 보통주들이 과거와 같은 기준으로 판매되어야 할 이유는 없다. 현재 주가가 120달러가 되지 않은 일부 주식의 배당률은 10퍼센트에서 12퍼센트 정도인데, 델라웨어앤허드슨Delaware & Hudson, 시카고앤노스웨스턴Chicago & North Western, 그레이트노던 Great Northern 같은 철도 회사의 주가는 160달러에서 200달러, 주식 배당률은 7퍼센트에서 9퍼센트 정도이다. 또한 때로 5퍼센트 정도의 배당률로 판매되는 것도 흔히 볼 수 있다. 이런 주식 중 일부는 현재 7퍼센트에서 8퍼센트의 수익률로 매수할 수 있지만, 시장이 이러한 상황에서 당연히 상승세를 보여야 하는 주식들의 가격에 맞춰가기 시작하면 이제 믿을 수 있는 든든한 업종의 주가들이 크게 올라가야 할 때다."

"나로서는《월스트리트 매거진》독자들에게 이런 사실을 알리고 주의를 환기시키는 일이 대단히 중요하다고 생각한다. 왜냐하면 월스트리트 주식시장 주변 사람들이 바로 눈앞에서 벌어지고 있는 일들을 알아차리지 못하는 경우를 나는 여러 차례 목격했기 때문이다. 지금은 수백만 명이 넘는 사람들이 주식시장에 관심을 두고 있다. 불과 몇 년 전만 해도 그 정도로 수가 많지는 않았다. 그러니 지금 주식을 매매하는 일에 주의를 기울여야 한다고 내가 아무리 강조한다고 한들 그건 지나친 일이 아니다. 경험이 없는 일반 투자자들이 저지르는 가장 큰 실수 중 하나가 바로 가격이 싸다고 해서 아무 주식이나 사들이는 것이다."

"사실 무배당주 같은 경우 투기적 가치가 있기 때문에 항상 가격이 싸다고 볼 수 없다. 물론 싸게 사들인 주식이 주당 30달러에서 40달러, 혹은 그보다 훨씬 높은 가격으로 올라가는 일도 있다. 하지만 이런 저가주들 중 법정 관리에 들어가는 경우도 많다. 오랫동안 주가가 뛰어오르기만을 기다리며 고군분투해야 할뿐더러 기대했던 만큼 성공을 거두기 어렵다는 사실을 투자자들은 잊고 있다."

"주식 종목을 선택할 때 투자자들은 어떤 업종이 가장 강하고 덜 강한지, 그리고 상대적으로 약하거나 매우 약한 업종은 어떤 것인지를 판단해야 한다. 예를 들어 지금 철도 장비 관련 회사들은 위세가 막강하다. 한동안 철도 회사들은 긴축 정책을 펼쳤고 주식시장 자체가 활성화되어 있지 않아 자금을 조달하는 데 어려움을 겪었다. 그런데 이제 상황이 바뀌었고 철도를 비롯한 관련 회사들이 인기를 얻어 자금 상황도 좋아졌다. 그 자금이 기관차를 비롯한 장비에 투자될 수밖에 없으니 장비 관련 회사들의 주가가 뛰어오르는 것은 당연한 일이다. 뉴욕센트

럴철도회사New York Central Railroad처럼 큰 수익을 올리고 있는 회사들의 주식을 보아도 이런 기세가 여기서 중단될 것으로 생각하기는 어렵다."

"공공 산업 관련 주가의 경우 관리 비용은 낮아지고 이익률이 점차 높아지고 있다. 다시 제자리로 돌아가고 있는 것이다. 사람들의 주거지 규모가 커지면서 전력이나 난방, 교통에 대한 수요가 증가하여 관련 산업의 수익이 전쟁 전 규모를 초과하기 시작했다."

"나는 구리 관련 주식도 유망하다고 생각한다. 그동안 쌓여 있던 재고 모두 소진되었고 광산도 다시 활기를 되찾기 시작했다. 시간은 다소 걸리겠지만 거대한 규모의 전력 시설이 건설되고 있고, 이 분야에서 구리를 대신할 만한 대체품은 찾을 수 없다. 구리에 대한 엄청난 수요가 이어질 것이 확실하니 구리 관련 사업체 주식의 수익이나 배당금, 그리고 주가는 시장의 발전을 따라 크게 뛰어오를 것이다."

제시 리버모어의 주식 투자 조언

- 전쟁은 그만 잊고 이제 평화로운 시기로 접어들었다는 사실을 기억하라.
- 전쟁 이전의 주식시장 상황에 관련된 지식을 되새기자.

- 상황이 바뀌면 종목의 흐름도 바뀐다. 주식에 영향을 미치는 모든 상황을 파악해야 성공할 수 있다.

- 약세나 하락 국면에 접어든 업종은 돌아보지 마라.

- 강세 업종의 강세 종목을 선택하라. 특히 현재 주목받고 있는 유망 업종을 주목하라.

- 자금을 묶어두지 말고 언제든 기회가 오면 활용할 수 있도록 준비하라.

- 선택하지 말아야 할 주식에 대해 아는 것도 중요하다. 최대한 분별력을 키워라.

- 지식과 참을성이야말로 성공적인 투자의 핵심 요소다.

"현재 타이어 산업은 약세에 놓여 있다. 타이어 생산량은 엄청나지만 경쟁은 그만큼 더 치열하다. 어떤 회사는 더 경제적인 생산 방식으로 더 좋은 타이어를 만드는데 어떤 회사는 경쟁에서 치고 나가기 위해 가격을 인하해야 한다. 따라서 이 산업의 경우 상당 기간 발전이 어려울 것으로 예상한다."

투자자 대부분 강세에 있는 산업과 약세로 접어든 산업을 제대로 분별하지 못하고 또 이런 본질적인 차이를 알아차리지 못함으로써 좋은 투자 기회를 잃을 수도 있다. 이에 대해 리버모어는 이렇게 말한다.

"가능하다면 취약한 업종은 완전히 피하는 것이 좋다. 든든

한 재정적 기반이 없는 기업의 싸구려 주식은 특히 피해야 한다. 이런 주식은 불황에 가장 큰 타격을 받지만 또 회복은 엄청나게 더디기 때문이다. 따라서 우리는 저가의 타이어나 미국 석유 관련 주식에 미련을 두지 말아야 하며 자금이 부족한 회사도 피해야 한다. 충분한 자본을 확보하지 못하면 치열한 경쟁에서 살아남기 어렵다."

"약세 업종의 약세 종목을 피하려는 것처럼 가장 강세에 있는 그중에서도 강력한 종목을 선택하는 것이 유리하다. 예컨대 철도, 산업 장비, 공공 산업, 그리고 구리 등 현재 상황에서 가장 장래가 유망한 업종을 선택해야 한다. 우리는 매일 달라지는 상황에 따라 언제든 우리의 예측을 바꿀 수 있고 또 그렇게 해야만 한다. 게다가 지금 당장 성장에 방해되는 어떤 어려움도 찾기 어렵다면, 이런 업종의 상승세는 계속될 것이다."

"투자 종목을 선택할 때 투자자는 모든 상품에서 수요가 동시에 발생하지 않는다는 사실을 잊지 말아야 한다. 모든 일에는 적절한 때가 있으며 이 문제를 반드시 고려해야 한다. 예컨대 누구나 알고 있는 것처럼 자동차와 타이어가 가장 많이 팔리는 계절은 봄과 여름이다. 주식시장에서 보통 겨울에 관련 주식이 조금 싸게 거래된다. 성수기가 지난 후에도 주기는 계속 올라갈 거라고 기대하는 것은 논리에 맞지 않는다."

"어떤 업종에 유리한 상황은 정반대로 다른 업종에 불리한 상황이 될 수도 있다. 한 주식 그룹에 유리하게 영향을 미치는 조건은 정확히 다른 그룹에 불리하게 영향을 미칠 수 있다. 현재 철도 장비 관련 주식을 둘러싸고 있는 환경은 더할 나위 없이 좋으며 점점 더 안전한 주식이 되어가고 있다. 아메리칸슈거American Sugar Refining[10]나 시어스로벅앤컴퍼니Sears, Roebuck & Company[11] 같은 기업이 예전에는 인기가 있었지만 지금은 투자 부적격으로 여겨진다. 그보다 못하다고 여겨졌던 장비 관련 기업들은 점점 투자 적격 기업으로 위치가 격상되고 있는 것이다. 내 생각에 향후 몇 년 안에 장비 관련 기업 주식은 완전한 투자 적격 수준까지 올라갈 것 같다."

"따라서 투자에도 유행이 있고 적기가 있음을 잘 알 수 있다. 환경은 계속 변한다. 우리는 그러한 변화를 따라가야 할 뿐만 아니라 앞으로 6개월이나 1년 후 또 어떤 흐름으로 변할지 지켜봐야 한다. 이렇게 하지 않는다면 투자자는 자신이 투자한 주식이 고점을 넘어 가격이 떨어지는 고통스러운 상황에

---

10 아메리칸슈거(American Sugar Refining) : 650만 톤의 설탕을 생산할 수 있는 회사로 2013년 ASR Group으로 회사명이 바뀌었다.

11 시어스로벅앤컴퍼니(Sears, Roebuck & Company) : 1886년 리처드 시어스는 카탈로그를 만들어 시계를 우편주문 방식으로 판매하는 회사인 R.W.시어스워치컴퍼니를 설립했다. 전 세계 카탈로그 문화를 주도하며 종합유통업체 회사로 발전했다. 시대의 변화에 따라 판매와 이익 감소로 인하여 2003년 소매 신용카드 사업은 시티뱅크에 팔았고, 다른 카드 관련 사업 역시 제이피모간체이스에 매각했다. 2018년 파산 보호 신청을 냈으며, 142개 매장을 폐점했다.

놓이게 될 것이다. 자신의 자금이 팔리지도 않는 주식에 묶여 이러지도 저러지도 못하는 상황에 빠지게 되는 것이다."

"투자자들은 주식 가격이 싸다고 해서 덥석 사들이지 말고 투자금의 상당 부분을 유동성이 좋게 유지해야 한다. 그래야 투자처가 나오면 즉시 행동에 들어갈 수 있다. 투자 시장에서 대단치 않은 성공 만큼 위험한 것은 없다. 성공에 취해 투자금이 묶여 적절하게 순환되지 않기 때문이다. 일반 투자자들은 보통 현금만을 지나치게 많이 움켜쥐고 있거나 반대로 팔리지 않는 주식에 투자금이 너무 많이 묶여 있어 곤란해 하는 경우가 많다. 그레이트노던 같은 곳의 주가가 한 달에 몇 포인트 정도 올라갈 거라 말한들 일반 투자자들이 관심이나 가질까? 아니, 그들은 빨리 그리고 쉽게 돈을 벌 수 있는 방법을 찾는다. 하지만 싸게 사서 비싸게 팔리길 바라며 사들인 싸구려 주식은 본전도 찾지 못하게 되겠지만 이제 그레이트노던은 몇 개월 동안 차곡차곡 주가가 상승해 적어도 20포인트 넘게 주가가 상승할 것이다."

"《월스트리트 매거진》을 읽는 독자들이여, 주식시장에서 왕도란 없다. 성공하기 위해서는 먼저 조사하고 연구해야 한다. 시장에 뛰어들기 전에 먼저 기본에 충실하고 다른 모든 건 무시하기로 다짐하라."

"경제 문제에 관련된 기본 지식을 익히고 관심이 있는 기업의 재무 상태, 연혁, 생산 능력이나 업종의 상태 등 모든 내용을 철저하게 파악하지 않으면 결코 주식시장에서 성공을 거둘 수 없다."

"특히 주식시장에서 성공을 거두려면 관련 지식과 함께 참을성이 반드시 필요하다. 성공한 사람이 보기 드문 건 사람들 대부분 참을성이 없기 때문이다. 사람들은 그저 빨리 부자가 되려고만 해서 주가가 떨어지면 투자할 생각을 하지 않는다. 그리고 대부분 주가가 정점에 도달하면 그때가 기회인 줄 알고 시장으로 들어간다. 장기적으로 볼 때 참을성은 지식을 제외하면 다른 어떤 요소보다도 더 중요하다. 지식과 참을성은 함께 짝을 이뤄야 한다. 주식 투자로 성공하기를 바라는 사람이라면 그 간단한 진리를 알아야 한다. 또한 어떤 주식을 사든 그 전에 면밀한 사전 조사가 이루어져야 하며 그런 다음 자신의 투자 규모가 적절한지도 살펴야 한다. 자신이 보유한 주식의 가격이 느리게 움직인다고 해서 낙담할 필요는 없다. 좋은 주식은 특히 지금과 같은 호황기라면 참고 기다린 만큼 때가 되면 좋은 결과를 가져다줄 것이다."

"잊지 마라! 업종 전체를 바라보고 가장 유망한 업종의 가장 유망한 종목을 선택해야 한다. 헛된 희망은 품지 말아야 한다. 주가가 오를 거라는 확신이 섰을 때, 그때 시장에 들어가라."

9장

투자를 대하는
리버모어의 자세

주식시장에서 왕도란 없다.
성공하기 위해서는 먼저 조사하고 연구해야 한다.

_제시 리버모어

제시 리버모어가 주식시장에서 사용하는 방법들을 분석하는 일에 착수하면서 나는 그가 열다섯 살이라는 어린 나이에 주식을 시작해 1922년까지 약 30년 동안 주식 거래에 전념했다는 사실부터 이야기하고 싶다. 이 기간에 그는 25년을 자신에 대해 알아가는 일에 전념했다. 같은 기간 동안 그의 재산은 5달러에서 100만 달러로, 그리고 무일푼으로, 다시 100만 달러 혹은 그 이상의 부채로 바뀌었는데 그만큼 우리는 그가 돈을 버는 능력이 그 누구보다 출중했음을 알 수 있다.

　　그는 자신의 기법이 완전치 않다는 사실을 직시하며 계속 고군분투했다. 그런 과정에서 그는 어떻게 자신의 약점을 발견하고 고쳐나갔는지, 어떻게 불확실한 단기 거래를 상대적으로 더 신뢰할 수 있는 장기 거래로 바꾸어나갔는지, 어떻게 주식시장에서 지속적으로 수익을 낼 수 있었는지를 지금부터 살펴볼 것이다.

　　바로 리버모어의 기법 분석에 들어가려고 하는데, 주식시장에서 돈을 벌려고 시도하는 투자자들은 너나 할 것 없이 아마도 그 '방법'을 배우고 싶어할 것이며, 그중에서 제시 리버모어보다 더 좋은 사례는 없을 것이다.

　　누군가의 성공에 있어 중요한 요소 중 하나는 바로 그날 일과를 계획하는 방식이다. 그런데 하루를 미리 준비하는 사람은 상대적으로 그리 많지 않다. 이들의 일상은 방문객이나 회의 혹은 다른 업무들의 숫자에 따라 크게 달라지며 일과를 마칠 무렵 가장 중요한 업무가 제대로 된 검토나 검증 없이 그대로 남겨질 때도 많다. 하지만 리버모어는 달랐다. 그는 분명한 사실을 기반으로 결정을 내렸다. 여러 자료를 확인하고 이해해서 완전히 자기 것으로 만들기 위해 고독한 자기만의 시간이 필요했다.

그는 밤 10시쯤 다음 날을 준비하기 위해 모든 것을 정리하고 잠을 청한다. 그는 일찍 잠자리에 드는 이유를 이렇게 말한다. "경험이 많은 사람이라면 어떤 것도 소홀히 생각하지 않으며 기회를 더 늘릴 수만 있다면 무슨 일이든 한다. 하지만 경험이 적고 서툰 사람은 한 번 찾아온 기회까지 무심코 지나치는 바람에 결국 실패를 겪는다."

그렇게 일찍 잠자리에 들면 충분히 잠을 잘 수 있고, 다음 날 상쾌한 기분으로 아침 식사 전 한두 시간 정도 주식시장을 비롯해 금융과 무역, 농작물과 각 기업의 실적에 영향을 미칠 수 있는 전 세계의 현황을 볼 수 있다. 이른 아침 시간을 택한 건 몸과 마음이 완전히 휴식을 취한 뒤일뿐더러 그때쯤이면 전날 새겨졌던 부정적인 기억 모두 사라진다고 생각했기 때문이다.

리버모어는 주요 조간신문을 읽으며 새로운 소식을 중요도에 따라 구분하고 분석했다. 사실 조간신문에 실린 대부분의 소식은 이미 전날 벌어진 일들이며 정말로 중요한 내용은 이미 전날 석간신문이나 속보 등을 통해 그에게 전달된 뒤다. 하지만 아침이면 또 새로운 관점으로 볼 수도 있기 때문에 이 과정을 소홀히 넘어가는 일은 없다. 그는 제목만 읽고 정작 본문은 대충 훑어보는 그런 사람은 아니었다. 또한 한쪽 구석에 실린 서너 줄의 단신에도 1면 기사만큼의 중요한 의미가 담겨 있을 수도 있다. 그는 여행 중에 신문에서 배당금에 대한 짧은 기사를 보고 관련 주식을 매수한 적도 있었다. 게다가 어떤 기사를 보고 10만 주를 사들였다가 바로 조금 뒤에 기사 내용을 잘못 해석했다는 이유로 다시 처분하기도 했다.

신문 1면을 펼치면 그가 일반 대중을 위한 내용이라고 말하는 큰 제목들이 눈에 들어온다. 리버모어는 자신에게 중요한 기사 대부분 신문 구석진 곳에 숨어 있다고 말한다. 그걸 찾는 것도 아침 일과 중 하나다. 아침이나 낮에 그런 기사를 찾아내지 못했을 때는 이따금 일찍 잠자리에 드는 원칙을 포기하고 새벽 한두 시까지도 생각에 잠겨 있을 때도 있다. 그렇게 해서라도 자신이 찾아 헤매던 소식을 알아내는 것이다.

그는 철강과 석탄, 섬유, 구리, 자동차, 산업 장비 등 주요 산업뿐만 아니라 면화와 곡물, 설탕 등 다른 다양한 상품 시장에 대한 기사를 찾아내 읽는다. 그리고 모든 내용을 각 분야의 상황에 대한 지표와 함께 면밀히 확인하고 또 확인한다. 간접적으로 보면 이런 내용은 또한 일반적인 사업 현황에 관하여 올바른 판단을 내리기 위한 지침이 되기도 한다. 이른 시간을 이용해 신문을 보는 사람이라면 이것이 얼마나 큰 도움이 되는지 깨달을 것이다. 무엇보다 집안은 조용한 곳으로 기사를 읽고 충분히 생각해서 결론에 도달할 수 있어야 한다. 예컨대 시장이 움직이는 시간에는 주가 시세표가 알려주는 가격을 읽느라 신문을 볼 엄두가 나지 않는다.

겉으로 크게 드러나지 않는 또 다른 이점으로, 이런 개인적인 연구 시간은 24시간을 기준으로 구분되어 있으면 좋든 나쁘든 상관없이 상황의 변화를 더 쉽게 구분할 수 있다. 통계학자들이라면 산업이나 사업 등의 발전을 보여주는 도표를 연구하는 데 있어 가장 중요한 요소 중 하나는 진행 방향에 상관 없는 변화 그 자체이며, 이러한 변화는 단지 그들이 움직이는 방향뿐만 아니라 속도의 측면에서도 살펴봐야 한다고 말할 것이다.

다른 분야의 시장에 대해 연구하며 그런 주장이 사실이라는 걸 깨닫게 되었다. 당시 하루 간격으로 한 시간 정도만 해당 주제를 살펴볼 수 있었는데, 비록 짧은 시간이지만 규칙적으로 살펴보는 것이 장점이 더 많았다. 어떤 주제라도 매일 정한 시간에 살펴보면 마치 건물이 세워지는 과정을 일정한 간격을 두고 사진을 찍어 관찰하는 것과 비슷한 효과를 볼 수 있다. 어떤 부분의 변화 속도가 느린지 혹은 빠른지 알 수 있고, 또 한 부분의 변화나 움직임이 둔해지는 게 보이면 곧 다른 부분에서 어떤 변화가 일어날 것을 예측할 수 있다.

리버모어는 누군가 특정한 산업의 현재 상태에 대해 뭐라고 말하는지 전혀 관심이 없었다. 그는 앞으로 몇 개월 후 어떤 상황이 전개될지를 미리 알려줄 것 같은 통계 자료를 보고 연구하기를 원했다. 1921년 봄, 신문 기사에서 철강 회사들이 실제 생산 능력의 25퍼센트에서 30퍼센트 정도만 사용하고 있다고 보도할 때, 그는 나에게 현실은 20퍼센트도 채 되지 않는다고 말해주었다. 다른 사람들이 아직 잠들어 있는 이른 아침, 다양한 출처에서 얻은 정보를 통해 그가 확인하고 내린 결론이었다. 매일 오전 10시에 주식시장의 문이 열리기 전 결정한 그의 판단 배경에는 아침 일찍 그가 여러 신문을 읽고 연구하고 분석한 시간이 자리하고 있었다.

최근 있었던 《월스트리트 매거진》과의 대담에서 리버모어는 이렇게 말했다. "경제 문제에 관련된 기본 지식을 익히고 관심 있는 기업의 재무 상태, 연혁, 생산 능력이나 관련 업종의 상태 등 모든 내용을 철저하게 파악하지 않으면 결코 주식시장에서 성공을 거둘 수 없다. 또한 주식시장에서 왕도란 없다. 성공하기 위해서는 먼저 조사하고 연구해야 한다."

그의 말에 덧붙인다면, 조사와 연구를 위해서는 아침에 일찍 일어나는 것이 좋다. 낮에는 제대로 할 시간이 부족할 것이고, 낮의 활동으로 몸도 마음도 피곤한 밤에 시간을 낼 수 없을 것이다. 특히 전업 투자자가 아닌 일반 직장인들은 특히 더 그럴 것이라 생각된다.

사람들 대부분 늘 다른 일에 신경을 쓴다. 사람은 습관의 동물이다. 보통 직장인들은 9시 출근을 위해 8시에 일어나며 하루를 마치면 기분 전환을 하려 한다. 그것은 결국 저녁 시간에 극장이나 다른 사교 모임에 찾아가겠다는 뜻이다. 그들은 자신에게 그런 시간을 누릴 자격이 있다고 생각하며 조금 늦게 집으로 돌아온다고 해도 즐거운 시간을 보냈으니 자는 시간이 조금 줄어들어도 문제가 없을 거라고 생각한다. 물론 큰 문제는 없을 것이다. 하지만 계속 그렇게 지낸다면 과연 성공할 수 있을까?

대부분 사람이 중요하게 생각하지 않는 이런 습관과는 반대로 리버모어는 밤 10시에서 12시까지, 혹은 새벽 1시나 2시까지 사람들이 누리는 다양한 활동을 기꺼이 희생해 충분히 휴식을 취하며 공부를 위한 아침 시간을 확보했다. '일반 대중'이라고 부를 수 있는 대부분의 사람은 이렇게 밤늦은 시간을 별반 중요하게 생각하지 않는데 바로 그런 수백만 명의 사람들이 세상에서 가장 어렵고 난해한 주식시장에 도전하려 하고 있다. 하지만 그렇게 하려면 지금까지의 정신과 육체의 습관을 거의 모두 바꾸어야만 한다. 그렇게 철저한 자기관리 없이는 주식거래를 자신의 또 다른 직업으로 삼아서는 안 된다.

결국 리버모어의 사례는 투자자가 될 수 있는 두 가지 필수 조건을 알려준다. 그 첫 번째가 충분한 수면이고, 두 번째가 시장의 흐름을 형성하는 요소와 외부 영향에 관하여 세심한 연구를 끊임없이 할 수 있는 충분한 시간이다. 이런 요소와 외부의 영향은 바로 각 업종과 종목의 선택에 있어 성공과 실패를 결정짓는다.

리버모어는 주식시장은 물론 스스로에 대해 깊이 연구했기 때문에 성공을 거두었다. 대게 어떤 일이든 그렇게 하면 성공을 거둘 수 있다. 나폴레옹은 이렇게 말했다. "만일 내가 언제나 예상치 못한 상황이나 문제에 잘 대처할 준비가 되어 있는 것처럼 보인다면 그건 내가 어떤 일을 하기 전에 그 문제에 대해 고민하고 혹시 일어날지도 모를 일들을 미리 대비했기 때문이다. 나는 전혀 예상치 못한 상황에서 갑자기 결단을 내리는 천재가 아니다. 모든 것은 깊이 고민한 결과이다."

어느 날 나는 친구와 함께 리버모어의 사무실에 찾아갔다. 그 친구는 자신이 알아낸 어떤 사실을 리버모어에게 알려주고 싶었다. 친구가 관련된 회사 이름은 언급하지 않은 채 정보를 알려주고 있는데, 그가 갑자기 서랍에서 쪽지 하나를 꺼내 보여주며 이렇게 말했다.

"이 회사를 말하는 거요? 그 정보는 이미 나흘 전에 입수했소."

성공하고 싶다면 열망하라

14년 전 《월스트리트 매거진》의 전신인 《티커The Ticker》와의 대담에서 리버모어는 이렇게 말했었다.

"성공이 그저 우연히 찾아온다고 생각하는 사람이 있다면 그런 사람은 주식 같은 건 멀리하라. 애초에 그런 태도는 시작부터 크게 잘못됐다. 주식시장에 몰려든 일반 투자자들의 가장 큰 문제가 바로 시장을 도박장 비슷하게 바라보고 있다는 점이다. 제발 처음부터 주식시장도 법률이나 의학 분야처럼 제대로 준비하고 공부해야 접근할 수 있는 곳이라는 걸 깨달았으면 좋겠다. 법대 학생이 변호사가 되기 위해 공부하는 수준으로 주식시장의 규칙이나 원리를 공부해야만 한다. 내가 순전히 운이 좋아서 성공했다고 생각하는 사람들이 많은데, 사실은 전혀 그렇지 않다. 나는 열다섯 살이 되던 해부터 주식시장에 뛰어들어 늘 공부를 게을리하지 않았다. 오직 주식시장만 생각하며 평생을 바쳐서 최선을 다해 노력하고 또 노력한 것이다."

여기에서 배운 교훈은 다음과 같다. 주식시장에서 대단한 성공을 계속 유지하기 위해서는 투자에 자신의 인생을 바쳐야 한다. 또한 이 분야에 어울릴만한 성향도 갖추고 있어야 한다. 그리고 무엇보다 탁월한 역량과 함께 성공을 향한 강렬한 열망도 지니고 있어야만 한다.

다른 일에 자신의 인생 대부분을 쏟아부은 평범한 사업가는 월스트리트가 받아들일 만한 전업 투자자가 되기에는 어울리지 않을지도 모른다. 그렇지만 자신이 원래 하던 일을 그만두지 않고도 주식시장에 관련된 지식을 쌓을 수 있으며 자신의 노력과 지식에 비례해 어느 정도 과학적이고 성공적인 투자자가 될 수 있다.

제시 리버모어의 핵심 성공 포인트 I

- 다시 한번 강조하지만 주식시장에 관한 지식은 필수이다.

- 하루 중 일정 시간을 정해 공부에 전념해야 한다.

- 제대로 된 판단은 확실한 출처를 바탕으로 얻은 사실에 기초했을 때 가장 잘 내릴 수 있다. 확보한 정보를 해석하는 역량은 시간이 흐르고 경험이 쌓이면서 함께 늘어난다.

- 우리가 알고 싶은 진짜 소식은 제목만으로는 알아볼 수 없다. 따라서 다른 곳에서 찾아야만 한다. 앞으로 어떤 일이 벌어질지 예측할 수 있는 능력은 주식시장에서 반드시 필요한 능력이다.

10장

리버모어와
제임스 R. 킨의 공통점

제시 리버모어의 투자 기법을 한마디로
요약하면 바로 '예측'이다.

_ 리처드 와이코프

제시 리버모어는 스스로 일을 제대로 할 수 있도록 주변 환경을 꾸몄다. 그 환경은 주식시장에서 그의 오랜 경험의 결과물이기도 했다.

이른바 월스트리트에서는 이 '환경'이라는 말을 주식시장의 심리적인 분위기와 비슷한 뜻으로도 사용하지만 보통 사람들이 모여 거래가 이루어지는 거래소나 사무소를 뜻할 때가 더 많다. 거래소의 환경이나 분위기는 사업의 성격이나 거래처의 숫자, 드나드는 사람들의 일반적인 사고방식에 따라 달라진다. 월스트리트에는 주가 시세표 몇 대와 다른 사무용 집기, 고객 전담 직원을 비롯한 서너 명의 직원들만 일하는 작은 거래소들이 많다. 규모가 작으니 조용하게 느껴지지만 꼭 그렇지만도 않은 것이, 아무리 규모가 작은 거래소나 사무소라도 직원과 고객들 사이에는 쉬지 않고 대화가 오가기 때문이다. 그래서 사실상 귀를 막고 입을 닫지 않으면 이곳에서 한 가지 일에 집중하는 건 불가능하다.

따라서 25명이나 50명 이상의 고객이 모여 상황판을 주시하는 큰 거래소의 경우 전업 투자자의 관점에서 볼 때 10배나 더 긴장되고 소란스러운 분위기가 이어진다. 주가 시세표들은 끊임없이 시장의 시세와 소식을 뱉어내고 주변의 다른 고객과 투자자들 역시 항상 자신이 보고 듣고 느끼는 희망과 공포에 대해 끊임없이 말하고 싶어 한다.

리버모어 역시 이런 곳에서 많은 시간을 보냈다. 꽤 오랫동안 그는 고요한 침묵이 가져다주는 이점을 누리지 못했다. 결국 그렇게 오랜 시간이 흐르고 난 뒤 누구의 방해도 받지 않고 혼자 생각에 잠길 수 있는 자신만의 개인 사무실에서 거래할 수 있게 되었다.

자신의 저택이나 그레이트 넥(Great Neck, 뉴욕주에 위치한 도시)의 여름 별장을 나설 때 주로 자동차를 이용한다. 리버모어는 기차나 지하철을 이용하지 않는다. 뉴욕에서는 부유하고 저명한 금융가들도 대부분 대중교통을 이용한다. 하지만 리버모어에게는 이유가 있었다. 사무실까지 출근하는 길에 다른 사람들을 만난다면 결국 대화의 주제는 주식시장으로 향하게 될 것이며, 그러다 보면 자신의 판단에 방해가 되는 조언과 뜬소문을 어쩔 수 없이 들어야 한다. 오직 혼자 길을 가면서 그는 혼자 생각을 한다. 아침이든 점심이든 저녁이든, 그는 스스로 생각하는 동안 누군가에게 방해받는 것을 원치 않았다.

리버모어 정도의 위치에 있는 사업가에게 있어 가장 필요한 자격 중 하나가 평정심이다. 평정심이란 어떤 상황 속에서도 헛된 희망이나 두려움의 영향을 받지 않고 편견 없이 냉정하게 주변을 바라볼 수 있게 해주는 정신적으로 균형이 잡혀있는 상태다. 그는 아주 놀라운 수준으로 평정심을 유지할 수 있었다. 누가 봐도 그건 타고난 자질과 뼈를 깎는 노력이 더해진 결과였다.

무엇보다도 그는 누군가 자기에게 충고하는 것을 싫어했다. 월스트리트에 잠시 있어 본 사람이라면 결단을 내려야 할 순간이 얼마나 많은지, 또 정체를 알 수 없는 충고나 제안에 의해 얼마나 쉽게 자신이 원래 계획했던 방향에서 벗어나게 되는지 잘 알고 있다. 리버모어는 이런 주변의 영향력에 대해 주의 깊게 연구한 후에 실제 사실과 타당한 이유, 그리고 논리적 결론에 기초한 자신의 판단에 조금이라도 방해가 되는 요소를 배제함으로써 최선의 결과를 얻을 수 있다는 걸 배웠다.

자기 개발과 관련된 다른 노력의 일환으로 그는 심리학도 공부했다. 그가 단지 월스트리트의 심리적인 환경에 대해 이것저것 궁리했다는 뜻이 아니다. 리버모어는 자신의 일에 도움이 될 것 같은 다른 모든 요소를 조사하는 것처럼 말 그대로 야간 학교에 찾아가 심리학 과정을 들었던 것이다. 그는 어떤 것도 그저 겉핥기만 하고 끝내는 일이 없었다.

어느 고층 건물 꼭대기 층에 바로 그의 사무실이 있다. 문에 이름 같은 건 붙어있지 않은 사무실이다. 사무실 안에는 응접실과 회의실, 직원들을 위한 공간, 따로 구분된 그의 개인 공간이 있다. 길쭉한 직사각형 형태의 이 사무실 한쪽 벽에는 칠판이, 그리고 맞은편에는 여러 개의 창문이 줄지어 붙어 있다. 이 칠판은 30개에서 40개에 달하는 주요 종목을 비롯해 면화와 밀, 옥수수, 귀리 등에 관련된 시세를 기록하는 일종의 상황판이다. 리버모어 사무실의 상황판은 다른 거래소에서 흔히 볼 수 있는 그런 상황판과는 달랐다.

단지 그날의 시가를 비롯해 고가와 저가, 그리고 종가 등이 적혀 있는 것이 아니라 각 종목 옆으로 길게 칸이 마련되어 있어 사무실 안에서만 쓰는 표시와 숫자들이 잔뜩 적혀 있었다. 리버모어는 이 상황판을 통해 주가의 변동과 반등, 그리고 조정 국면을 확인했다. 다만 거래량은 표시되어 있지 않았는데 그건 사무실에 설치된 주가 시세표로 확인했다.

상황판 앞에는 주가 시세표가 있고 그보다 조금 떨어진 곳 한복판에는 리버모어가 있다. 그는 자신의 자리에서 고개만 살짝 들면 주가 시세표도 읽을 수 있고 상황판도 확인할 수 있다.

대부분의 거래소나 사무소에는 사람의 가슴 높이 정도 되는 둥근 탁자 위에 주가 시세표를 설치해 놓는다. 그러면 담당 직원 서너 명이 주변에 모여 목을 길게 늘어트리거나 아니면 누구는 제대로, 또 누구는 반대 방향에서 주가 시세표를 확인해야 했다. 리버모어는 자신의 개인 공간 책상 앞에 앉아 있는 짧은 시간을 제외하고는 낮은 높이로 설치되어 있는 주가 시세표를 거의 사용하지 않았다. 그가 주로 이용하고 확인하는 상황판 앞의 주가 시세표는 사람이 서서 바라볼 수 있는 높이에 설치되어 있었다. 그는 주식시장에서 성공할 수 있었던 여러 이유 중 하나가 바로 그 높다랗게 설치된 주가 시세표 덕분이라고 생각했다. 그는 대부분의 시간을 똑바로 서서 일했고 호흡과 혈액순환에 무리 없을 거라 믿었다. 낮게 설치된 주가 시세표 주변에 몸을 웅크리고 모여 있는 사람들과는 확연히 차이 나는 모습이다. 그는 심지어 전화도 서서 받았고 덕분에 매일 어느 정도는 저절로 운동을 하는 셈이었다.

상황판 표기 방법을 제외하면 그런 리버모어의 사무실 풍경은 어딘지 모르게 이제는 고인이 된 제임스 R. 킨James R. Keene[12]의 사무실 풍경과 비슷했다. 나는 이 저명한 투자자의 개인 사무실에서 흥미로운 시간을 보내는 특권을 누렸다. 킨 역시 주가 시세표를 높은 곳에 설치했고 서서 일했으며 전화는 일부러 조금 떨어진 곳에 두고 계속 움직이며 업무를 봤다. 매와 같은 눈으로 시장의 실제 상황을 꿰뚫어 보는 작업인 주가 시세표 확인을 쉴 때는 계속 사무실 안을 왔다 갔다 돌아다녔는데, 그의 발걸음은 마치 기계의 움직임처럼 단단하고 정확했다. 또한 두 주먹은 단단하게 움켜쥐고 박자에 맞춰 앞뒤로 흔들었고, 그 모습은 강렬한 결의를 보여주는 듯했다.

킨은 주가 시세표를 읽을 때 일정한 박자로 발걸음을 옮기

---

12 제임스 R. 킨(1838~1913년): '월스트리트의 백여우'라는 별명이 붙을 만큼 주가 작전의 명수이자 크게 노는 금융가였다. 특히 US 스틸 주식을 대장주로 만든 사건으로 더욱 유명해졌다. 이미 큰 재산을 모으고 나서도 작전주를 맡는 그를 보고 사람들이 묻자 "토끼를 잡으려고 달려가는 개가 1,000번째 토끼라고 마다하겠는가?"라고 답했다고 한다.

면서 일정한 간격에 따라 움직이는 것처럼 보였고 따라서 그런 짧은 움직임은 자신이 확인한 내용을 이해하기 위한 시간을 만들어주는 역할을 했다. 그는 박자에 맞춰 마치 사진을 한 장씩 찍듯 그렇게 한 번에 하나씩 들어오는 정보를 연속적으로 읽어나갔다. 나는 앞서 시장에 대한 연구를 언급하며 그 규칙적인 간격과 속도에 대해 이미 한 번 언급한 적이 있다.

내가 찾아가 이야기를 나누는 와중에도 킨은 주가 시세표를 마주보고 서 있고 나는 바로 그의 앞에 있었다. 킨은 오른손에 안경을 든 채 자신이 하고 싶은 말의 요점을 강조하곤 했지만 이야기가 짧게 끝나는 일은 드물었다. 그가 잠시 주가 시세표 쪽으로 시선을 돌리면 그때 내가 말을 꺼낼 수 있었다. 그러나 사실 그는 내 말은 한마디도 듣지 않았다. 주가 시세표를 읽을 때 그의 집중력은 너무 완벽해서 다른 건 아무것도 보이지도 들리지도 않는 것 같았다.

때로 그는 전화기를 들고 "누가 그걸 사겠나?" 혹은 "그쪽에서는 무슨 일이 벌어지고 있는 건가?" 등의 질문을 던지곤 했다. 그러고는 다시 돌아와 주가 시세표를 보고 기계장치처럼 발걸음을 옮기고 생각을 정리한 후 겨우 원래 상태로 돌아와 아까 하던 이야기를 마저 하는 것이었다. 리버모어는 많은 부분에서 킨을 닮았다. 무엇보다도 두 사람 모두 약간 양 옆으로 쳐진 눈꺼풀이 안이 들여다 보일 만큼 얇았고 코 역시 둘 다

아주 크고 높이 솟아 있었다. 관상에 대해서는 전문가들에게 맡기는 게 좋겠지만 어쨌든 나는 리버모어가 킨처럼 생각이 깊고, 영민하며 기발하면서도 지략이 있고, 독립심이 강하고, 앞을 멀리 내다보며 사자와 같은 용기가 있는 그런 사람이라는 사실을 알고 있다. 그리고 두 사람이 사업을 꾸려나가는 방식에서도 나는 많은 비슷한 점들을 찾아냈다.

전화를 걸든 직접 찾아가든 리버모어와 바로 연락이 가능한 사람은 거의 없다. 편지는 몇 통 받는다고 해도 답장을 거의 하지 않는다. 아니, 그럴 시간 자체가 없는지도 모른다. 그는 주식 투자를 하고 있고 그가 만나는 사람에게 쓰는 편지 등 모든 것이 다 주식시장과 그 안에서 이루어지는 그의 업무와 밀접한 관련이 있다. 그렇지 않은 경우에는 아예 그런 시간을 내지 않는다. 이런 습관은 불필요한 행동을 전부 피하는 그의 평소 모습과 일맥상통한다.

나는 이미 리버모어가 어떤 판단을 내릴 때 이른 아침의 개인적인 연구시간에서 비롯된다는 사실을 이야기한 바 있다. 하지만 정말 적절한 시점에 매매를 선택하는 결단을 내릴 때 만큼은 자신이 직접 주가 시세표에서 확인한 사실들을 기초로 한다. 주식시장용 주가 시세표 외에 언론이나 통신사와 연결된 주가 시세표에서 세계 각지의 소식이 들어온다. 리버모어는 물론 다른 직원들도 이 주가 시세표를 주목하는데 특정한 내용을 담은 한 단락이나 때때로 단 한 줄, 한 단어가 그의 거래에 중요한 영향을 미칠 수도 있기 때문이다.

하지만 그렇다고 해서 그가 전해오는 소식을 액면 그대로 다 받아들이지는 않는다. 그는 공개된 상황이나 발표된 소식 뒤에 숨겨져 있는 진짜 의미를 해석하려고 노력한다. 주식시장이 많은 사람에 의해 움직이며, 또 많은 사람의 상황을 반영하는 곳이라는 사실을 리버모어보다 더 잘 아는 사람은 없을 것이다. 그런데 이 사람들 중 일부는 다른 사람들보다 더 큰 권력이 있어서 시장에서는 같은 동료지만 종종 자신의 뜻을 이루기 위해 사람들의 마음이나 감정에 영향을 미치려고 애를 쓰는 경우가 있다. 그래서 리버모어는 바로 '그런 사람들'이 무슨 뜻을 품고 있는지 알기 위해 행간을 읽는 것이다.

나는 예전에 월스트리트를 어떤 거대한 깔때기로 묘사한 적이 있었다. 이 깔때기의 입구를 통해 온종일 온갖 종류의 사업 관련 정보들이 쏟아져 들어온다. 철도, 기업의 수익, 일기예보, 금융, 농작물, 자본 시장, 금 시세, 개발 계획 소식과 그와 관련된 수천 개의 다른 소식 등등 주식과 채권 또는 상품 거래에 영향을 끼치고 있고 일반 사업에도 어느 정도 영향을 미친다. 리버모어는 이러한 방대한 소식과 정보들을 두 가지 방식으로 구분해 해석한다.

우선 그는 시장이나 개별 주식에 대해 직간접적으로 영향을 끼치는 것들을 구분하고 그런 다음 주가 시세표를 통해 그 영향력을 관찰해 시장 전체로 볼 때 특정한 주식의 매수와 매도에 어떤 영향을 미치는지 관찰하는 것이다. 그의 판단과 해석이 실제 시장에서 보여주고 있는 현재 상황과는 완전히 다를 수 있지만, 정말 중요한 사건이 일어나 충분히 영향력을 발휘한다면 얼마 지나지 않아 시장에도 반영될 거라는 사실을 리버모어는 잘 알고 있다. 따라서 그는 다른 대규모 투자자들이 새로운 상황에 적응하기 위해 자신들의 거래 상황과 규모를 조정할 때 그 시기가 과연 언제가 될지를 예측하려고 애쓴다.

제시 리버모어의 주식 투자 기법을 한마디로 요약하면 바로 '예측'이다. 그는 어떤 기업이 지금 현재 벌이고 있는 사업이 아니라 그 기업이 속해 있는 업종의 경향과 업종 내의 상대적 위치에 관하여 관심이 있다. 대표적인 투기주인 스튜드베이커Studebaker의 사례를 살펴보자. 1920년 스튜드베이커의 주식은 38달러에서 40달러 사이에 거래되고 있었다. 1919년에는 주가가 최고 151달러까지 올라갔고 1920년 5월 현재 현금 배당률은 7퍼센트, 보통주 배당률은 33퍼센트에 달했다. 리버모어의 생각에 지금 이 주식이 그 정도의 낮은 가격에 거래될 만한 이유가 없었다.

다만 그의 관심을 끈 건 현재 그 정도 가격에서 두드러질 정도의 매집이 진행되고 있다는 사실이었다. 그는 주가 하락을 초래했던 상황이 무한정 계속되지는 않을 거라고 생각했고 또 관련 산업 경기가 조만간 회복될 것이라는 사실을 알고 있었다. 그는 스튜드베이커 내부 관계자들이 자신과 같은 예상을 했기 때문에 매집이 이루어지고 있다는 결론을 내렸다. 그가 나에게 이런 사정을 설명할 때 이미 상황은 대단히 간단해 보였다. "상황을 알아차리고 주당 40달러 선에서 적지 않은 분량을 매수했다. 주가가 90달러를 넘자 무슨 일이 벌어지고 있는지 확실하게 보였다. 그래서 그쯤 다 정리했다."

그 적지 않은 분량이 어느 정도인지는 정확히 알 수 없다. 하지만 그런 상황에서 1만주 정도면 적당한 규모가 아닐까. 물론 그보다 더 많을지도 모르지만 이 거래에서 흥미로운 부분은 그는 주가가 올라갈 때와 떨어질 때를 정확하게 예측했으며 주가가 오르락내리락 하는 동안 그 예측이 모두 들어맞았다는 사실이다. 대부분 사람들은 40달러에 주식을 사고 60달러까지 오를 것으로 예상한다. 그러면 내 투자금의 50퍼센트 순이익이 발생할 테니 그때 수익을 실현하겠다는 것이다.

그런데 리버모어는 60달러를 일시적으로 잠시 멈춰있는 지점으로 보았다. 주가는 그 지점에서 잠시 주춤거리다 다시 79달러까지 올라갔다. 73달러로 주가가 떨어졌을 때 노련한 투자자라면 주가 시세표가 전해주는 정보를 보고 매집량이 더 늘어났음을 알아차릴 수 있었을 것이다. 결국 주가는 89달러까지 상승했고, 잠시 조정이 있은 후 신고가 93과 1/4달러를 경신했다. 무리한 개입을 통해 다시 신고가를 기록하려는 두 번째 시도 전에 분산을 감추기 위한 목적으로 조정이 이루어지며 주가는 88달러로 떨어졌다. 그런데 이 단계에서 리버모어는 자기 보유량을 모두 정리했고 결국 최고가는 93과 1/4달러에서 멈췄다.

스튜드베이커의 주가는 그 이후 오랫동안 90달러 선을 회복하지 못했다. 내부 관계자들의 목적이 달성되었는지는 나로서는 알 수 없다. 다만 주가는 70달러에서 결국 65달러까지 떨어졌으며, 이미 리버모어는 충분히 수익 실현을 할 수 있었다.

스튜드베이커의 주가가 38달러에서 139달러까지 101포인트 올라가는 동안 리버모어는 몇 차례 더 거래에 참여했었던 것 같다. 하지만 내가 여기서 말하고자 하는 건 그가 업계는 물론 기술주 시장의 상황 변화를 예측했을 뿐만 아니라 시장을 움직여 큰 이익을 보려했던 내부자들의 의도까지 알아차렸다는 사실이다.

제시 리버모어의 핵심 성공 포인트 II

• 조용히 혼자만의 시간을 갖는 건 정확하고 독립적인 판단을 내리는 데 꼭

필요한 환경이다. 다른 분야와 마찬가지로 집중해야 한다. 주식 투자는 거래소를 벗어나 홀로 생각하고 계획을 세운 뒤 실행에 옮기는 것이 가장 좋다.

- 또 한 가지 필요한 요소는 다름 아닌 평정심이다.

- 심리학 지식도 정신적인 측면에서 중요한 준비물이다.

- 튼튼한 몸에 건전한 정신이 깃든다. 일정량의 운동이 꼭 필요하다.

- 정말 중요한 내용이 때때로 짧은 기사 안에 숨어 있을 수 있다. 따라서 기민한 해석 능력과 함께 통찰력은 절대적으로 중요하다. 언론이 전하는 소식의 영향력은 시장의 특성과 많은 사람의 관심, 그리고 그들의 매매를 알려주는 지표다.

- 투기에서 정말로 필요한 건 예측할 수 있는 능력이다.

- 주가 시세표가 전해주는 시장의 실제 상황은 대규모의 투자 세력이나 내부자들이 갖고 있는 동기나 그들의 거래 내용을 반영하고 있다.

11장

리버모어와 주식시장

모든 것은 수요와 공급의 문제이며,
일단 그런 사실을 깨닫고 적절하게 적용할 수만 있다면
주식시장 문제 대부분을 해결하는 데 큰 도움이 된다.

_ 리처드 와이코프

시장의 흐름에 대한 분명한 의견과 자신의 판단에 대한 근거를 확보한 리버모어는 시장이 열리면 주가 시세표를 들여다보며 자신의 결정과 시장의 실제 상황이 일치하는지 혹은 안 하는지를 확인한다. 그는 시장의 현재 상황에 관해 어느 정도 예측했지만 실제로는 자신의 예측과 다를 수도 있다는 것도 잘 알고 있다. 시장의 상황을 바탕으로 자신의 판단이 옳았는지 아니면 틀렸는지를 결정하는 것이다. 만일 자신의 판단이 틀렸다는 확신이 서면 그는 거래 상황이나 규모를 곧바로 바꾼다.

주가 시세표에서 찍혀 나오는 시장의 시세에는 수많은 사람의 희망과 두려움, 그리고 열망이 함께 기록된다. 증권을 거래하는 모든 사람의 마음이 아주 구체적으로 표현되는 것이다. 그 안에서 다뤄지는 선도주만 해도 400개에서 500개가 넘고 주식의 규모와 가격도 각양각색인 데다가 늘 변화무쌍하다. 그렇게 표현된 시장의 본질을 해석하는 일은 오직 오랜 훈련과 경험, 그리고 시장에 관한 깊은 통찰력을 겸비한 사람만이 할 수 있다.

월스트리트를 잘 아는 사람들은 주식시장이 수많은 사람의 입장을 반영하고는 있지만, 그럼에도 방향도 없이 이리저리 흔들리지 않는다는 것을 잘 알고 있다. 물론 주식시장에 들어온 일반 투자자들은 서로 연결된 부분이 없고 대부분 다른 사람들이 그 안에서 뭘 하고 있는지 잘 모른다. 하지만 주요 이해 관계자들과 대형 투자자들은 어떤 주식을 팔아야 하고 또 팔리도록 만들어야 하는지에 대해 비교적 분명한 의견을 갖고 있다. 그리고 그렇게 어떤 세력이 사람들을 어느 정도 수준에서 매수나 매도로 이끌려는 노력에 대해 제대로 맞서는 건 바로 주가 시세표가 제공하는 정보를 해석하는 투자자의 몫이다.

리버모어는 주식시장과 다양한 종목의 흐름을 오직 눈에 보이는 실제 현상만을 가지고 판단한다. 내부자들이 퍼트리는 소문이나 언론, 혹은 말로 하는 약속보다 그에게는 주가 시세표가 더 중요하다. 그는 내부자들이 자신의 회사와 주식에 대해 가장 눈이 흐려질 수밖에 없다는 사실을 잘 알고 있다. 얄궂은 일이지만 그들은 너무 많은 걸 알고 있기 때문이다. 오히려 그들은 그렇게 내부에 있기 때문에 약점을 볼 수 없을뿐더러 종종 기술적인 문제들을 무시하기까지 한다. 가끔 어디에선가 흘러나오는 낙관적인 주장이나 대담을 언급하며 리버모어는 나 역시 잘 알고 있는 사실을 말했다.

중요한 매도 상황은 비슷한 시기에 거의 동일한 출처를 통해 추적하고 확인할 수 있다. 바로 그런 이유 때문에 주가 시세표는 그에게 그렇게 큰 의미가 있다. 주가 시세표에서 보여주는 실제 상황은 일반 대중을 끌어들이기 위해 기술적으로 가공한 홍보물 뒤에 숨겨진 진정한 목적을 알려준다.

주가 시세표가 제공하는 정보는 마치 몇 초 간격으로 연속해서 찍은 사진이 계속 이어져 눈앞에서 펼쳐지는 것과 비슷하다. 사진 속 풍경은 조금씩 변해가며 지난 과거와 이어지고 앞으로 일어날 일을 어느 정도 예측할 수 있도록 해준다. 그런 사진이 5시간에 걸쳐 쉬지 않고 흘러나온다고 상상해보자. 그걸 눈으로 확인하고 머릿속으로 이해한 뒤 거기에 자신의 육감을 접목시킨다. 자신에게 꼭 필요한 내용만을 추출해 현재 일어나고 있는 일의 목적과 그에 따른 가능한 결과를 감지하는 것이 리버모어가 매일 하는 일이다.

주가 시세표에서 확인해야 할 것

- 오늘 시가는 어제 종가와 어느 정도 차이가 있는가.

- 약세인가 강세인가.

- 어떤 종목이 주목을 받는가.

- 선도주들은 어떤 특징이 있는가.

- 가장 인기 있는 업종과 가장 인기 없는 업종은 무엇인가.

- 시장 전체를 떠받치거나 반대로 침체시키는 업종은 무엇인가.

- 주가를 조작하려는 세력이 있는가.

- 어떤 세력이 가장 활동적이고 또 관련된 새로운 소식에 대해서는 어떻게 반응하는가.

- 전체 시장의 거래량은 어느 정도인가.

- 어제, 지난주, 그리고 지난달과 비교하면 어떤가.

- 외부의 영향력에 대해 선도주나 바로 그 뒤를 따르는 종목들은 어떻게 반응하고 있는가.

- 일반 투자자든 전업 투자자든 이들이 매수나 매도를 하는 근본적인 이유는 무엇인가.

- 주가가 오를 때와 떨어질 때의 속도는 어떤가.

- 어떤 종목의 변동이 가장 길게 이어지며 그 폭은 어느 정도인가.

- 저항선에서 시장과 특정 종목은 어떻게 움직이는가.

- 매도 물량을 소화하거나 혹은 매수 수요를 떠받칠 역량이 있는가.

- 현재 매집 상황은 어떤가. 아니면 분산매도 중인가.

- 장내 거래인들은 무엇을 하고 있는가. 전문가들이 현재 어떤 입장을 취하고 있는가. 매도인가 매수인가. 단기 거래인가 장기 거래인가.

- 일반 투자자들이 매수하거나 매도하는 주식은 주로 어떤 것들인가. 그들은 어떤 상황에 반응하는가.

- 시장은 지금 외부의 자극이나 압력 없이 스스로를 유지할 수 있는가. 시장을 그대로 둔다면 어떤 일들이 벌어질 것인가.

- 상승세가 갑자기 꺾인다면 어떤 상황의 변화가 원인인가.

- 어떤 업종의 어떤 주식이 각각 최고와 최악의 상황에 처해 있는가.

- 가격이 너무 쉽게 오르는 주식이 있는가. 뒷심이 부족해서 조금만 문제가 있어도 바로 가격이 떨어지는 주식은 어떤 것인가.

- 오늘 시장의 상황과 며칠 전, 몇 개월 전, 그리고 몇 년 전의 상황을 비교하면 어떤가.
- 시장의 흐름을 따르지 않거나 아예 반대 방향으로 움직이는 종목들은 어떤 것인가. 그리고 무엇보다 그런 움직임이 시작되는 때는 언제인가.

자신의 결단이 옳았는지 틀렸는지를 판단하는 데 도움을 줄 수 있는 몇 가지 고려 사항만 살펴봐도 이만큼이나 된다. 이런 모든 부분을 염두에 두고 리버모어는 어떤 거래를 얼마만큼 해야 하는지, 아니면 모든 걸 정리하고 시장에서 빠져나가야 하는지를 최종적으로 결정한다. 오랜 경험 탓일까, 그는 거의 직관적으로 판단을 내린다. 그는 주가 시세표를 통해 어떤 일이 일어날지 미리 알게 되기를 기대한다. 주식시장에서는 한 명 이상에게 알려진 사실은 어떤 식으로든 거래 내역을 통해 어느 정도는 다른 사람들에게 드러나게 되어 있기 때문이다.

리버모어는 어떤 사람이 특정 종목의 가치에 영향을 미칠 수 있는 무언가를 알게 되었을 때 제일 먼저 스스로 그 종목을 거래하고 나서 주변 사람들에게 이야기한다는 걸 알고 있었다. 매매에 나선다면 그 사실은 반드시 주가 시세표를 통해 알 수 있다. 리버모어가 시장의 움직임에 관하여 주의를 게을리하지 않으며 주가 시세표를 통해 알고 싶어 하는 '소식'이란 바로 그런 것들이었다.

월스트리트의 심리적 상황이란 시시각각 발생하는 다양한 사건의 결과로 일반 대중의 마음속에 일어나는 반응이 주식시장에 구체적으로 영향을 끼치는 것을 말한다. 주식시장에 관여한 사람은 그 거래 규모나 방식에 상관없이 누구라도 수요와 공급에 미치는 영향력을 무시할 수 없다.

일부 큰 세력이나 집단이 특정 종목의 주식 5만 주가량 사들이려고 시도할 수 있다. 그러면 일반 투자자들은 자연스럽게 자신들의 보유량을 처분하게 된다. 이렇게 해서 예컨대 5만 5000주가 시장에 풀리면 매집의 효과를 무력화하기에 충분하며 결과적으로 시장의 주가는 올라가는 대신 하락할 것이다. 이 사례로부터 우리는 심리적인 상황이 왜 그렇게 중요한지를 알 수 있다. 누구도 어떤 특별한 사건이 일반 대중의 마음에 미치는 영향을 예상할 수는 없다. 하지만 이런 상황을 판단해 대중이 어떤 반응을 보일지를 예측하는 것이 바로 리버모어의 강점 중 하나였다.

리버모어는 주가 시세표가 알려주는 시장의 모든 움직임에 대해 아주 깊은 관심이 있었다. 만약 누군가 그를 보고 중간에 일어나는 작은 변동에 관심이 없다고 말한다면 그건 틀린 생각이다. 그는 5포인트에서 20포인트 사이 가격 변동과 일주일에서 60일 사이 보유 기간 추이를 주의 깊게 관찰했으며 주식시장이라는 거대한 흐름을 형성하는 데 영향을 미치는 그 변동

역할에 관해서도 열심히 연구했다. 이 흐름은 상승 또는 하락으로 가는 여정이 끝날 때까지 최소 저항선을 따라 종종 그 방향을 바꾸기도 한다.

대공황이 그에게 매수하고, 장기 보유를 해야 할 때라고 알려주는 것처럼 강세 시장의 최고 인기 종목 역시 숙련된 사람이라면 알아볼 수 있는 신호를 내보인다. 평소 그는 다른 세력보다 앞서서 시장의 신호를 알아차리기 위해 노력하기 때문에 더 많은 주의를 기울이고 있다.

리버모어는 주가가 크게 하락하는 와중에 전환점이 될 것으로 믿는 선에서 주식 보유량을 늘려가며 짧게는 몇 개월에서 길게는 1년이 넘도록 보유량을 그대로 유지할 것이다. 시장이 다시 힘을 얻어 회복되고 주가가 올라갈 때까지 상당한 시간이 필요하다는 것을 잘 알고 있기 때문이다. 따라서 외부에서 특별한 영향을 받지 않는 한 몇 개월 안에 주가가 크게 올라갈 수는 없다.

지난 25년 동안 일어났던 모든 호황과 불황에 대해 잘 알고 있는 그는 이른바 관점이라고 부를 만한 자질이 있는 사람이었다. 그래서 다른 사람들이 나라 사정이 엉망이 되고 있다며, 모든 걸 정리하거나 공매도를 하며 자신들의 주장을 강하게 내세울 때 리버모어는 자신이 말하는 심리적 매수의 순간이 오는지 주의 깊게 지켜본다. 1907년의 공황 속에서 그는 아주 적절한 때 그 매수의 순간이 왔음을 알아차렸다. 1921년 대공황 시기에 시장 전체가 큰 불황에 휩싸여 있을 때도 주식을 매수해 오랫동안 보유하고 있었다. 그는 훗날 그 이유를 상품이 과잉 공급된 반면 앞으로는 그 반대로 상품이 부족하게 될 가능성이 높았기 때문이라고 밝혔다.

그렇지만 나는 그의 정교하게 발달된 육감이나 직관력이 그에게 언제 매수를 해야 가장 좋을지를 정확히 알려준 것이 아닌가 생각한다. 그러한 시기에 일어나는 모든 사소한 사건, 예를들어 주가 하락과 일반 투자자들의 매도, 가망 없다는 소식, 그리고 언론의 우울한 기조 등 많은 것을 말해준다.

하지만 그가 가장 깊이 관심을 기울였던 부분은 시장에 풀린 분량이 매수되는 방법, 다시 말해 서로 다른 수준에서 만들어지는 저항선과 거래량, 가격을 낮추려는 다양한 이해 관계자들의 광적인 노력, 그들이 사용하는 전술, 그리고 그들이 하는 거짓말이다. 이런 요소들은 주식시장이 각각의 특정한 단계로 접어들 때마다 저마다 의미를 가진다. 무엇보다 주식시장은 백만장자들이 자신들에게 있는 지식과 권력, 그리고 자원을 쏟아부어 주가를 결정하는 주요 변수의 원인이 되는 상황의 변화를 예측하려는 곳이다. 그 사람이 얼마나 부자인지, 얼마나 권력이 있는지에 상관없이 전지전능할 수 없다는 사실을 잘 알고 있는 리버모어는 수많은 사람이 주식시장에서 보여주고 있는 각자의 뜻을 구분하고 해석하기 위해 애쓰고 있다.

주식시장의 흐름이 길게 이어질 때 주요 전환점을 판단하는 것이 그가 하는 가장 중요한 일이다. 만일 리버모어가 호황과 불황 사이 최소한 무엇인가를 할 수 있고, 또 자신의 거래 상황을 바꿀 적절한 시기를 정확하게 판단할 수 있다면 그는 시장이 밑바닥에서 정점으로 움직이는 1년이나 2년 사이에 엄청난 수익을 올릴 수 있는 반등의 출발 지점이 어디인지를 알고 있는 셈이다. 그 이유는 아주 간단하다. 공황처럼 가장 심각할 때 매수를 할 수 있는 사람이라면 어느 정도의 운전자본Working Capital을 갖고 있다는 뜻이다. 만일 그 사람이 호황의 정점이 가까워졌을 때 매도에 성공한다면 그는 원래 갖고 있던 자신의 자본뿐만 아니라 매매를 통해 벌어들인 수익도 갖게 된다. 그리고 이러한 수익을 바탕으로 공매도에 들어가 이 상태를 다음 공황이 올 때까지 이어간다면 그는 곧 자신의 자산이 엄청나게 불어났다는 사실을 알게 될 것이다.

물론 리버모어가 저점에서 거래하는 이런 주식이 항상 최고의 가격에 거래되는 것은 아니다. 시장이 조금씩 움직이며 중요한 전환점이 발생할 가능성이 있는 수준으로 접근하기 시작할 때 그는 좀 더 움직임이 잦아지기를 기다린다. 그리하여 시장의 분위기가 달아오르거나 혹은 이른바 매수 지점이라고 알려진 수준에 도달하면 그는 자신이 보유한 주식을 일부 혹은 전부 정리하려 할 것이다.

그는 주가가 정점에 오를 때까지 계속 기다리는 건 좋은 방법이라고 생각하지 않는다. 그 사이에 많은 일이 일어나 궁극적인 전환점이 예상보다 더 빨리 발생할 수도 있기 때문이다. 리버모어는 모든 주가가 동시에 최고 수준으로 뛰어오를 수 없다는 사실을 잘 알고 있다. 어떤 종목들은 떠받치는 힘이 모두 소진되기 몇 개월 전에 정점에 도달한다. 호황기를 떠받치는 힘은 일종의 수비대나 예비 부대로 볼 수 있는데, 힘이 남아 있을 때만 진격하고 힘이 떨어지면 바로 후퇴한다. 리버모어는 그 힘이 결국 시장으로 공급되는 현금이며 시장의 움직임을 지배하고 제한하는 일반적인 조건이라는 것을 안다.

또한 언론이 전하는 소식이나 통계, 혹은 배당금보다는 사람들의 마음속에서 만들어져 투자자들을 시장으로 끌어들이게 하는 생각의 영향력과 범위가 중요하다는 사실도 알고 있다. 다만 수많은 사람이 생각만 하고 있다고 해서 시장이 어떤 영향을 받는 것은 아니다. 하지만 그 생각에 이끌려 누군가 실제로 주식을 매매하거나 혹은 아무것도 하지 않는다면 바로 영향을 받는 곳이 시장이다.

사실 리버모어는 이미 오래전 매일 시장에 오가며 쉬지 않고 거래하던 습관을 고쳤고, 짧은 움직임보다 길게 이어지는 흐름을 가장 중요하게 생각했지만 그렇다고 거기에 모든 것을 걸지는 않았다. 그는 10포인트에서 30포인트 사이, 그리고 1주일 혹은 2주일에서 때로는 몇 개월가량 이어지는 중·단기 변동 장세에 기반한 거래 시점이나 시장을 중요하게 생각했다.

예를 들어 시장이 크게 호황으로 접어들고 있으며 비록 전환점에서 과도한 매수가 이루어지지는 않고 있지만, 10포인트에서 15포인트 정도 반응이 일어날 시기가 임박했다고 가정해 보자. 그런 상황이라면 리버모어는 만일 주가가 떨어지더라도 손해를 보지 않도록 장기간 보유하고 있던 주식의 규모를 줄이는 것이 최선이라고 결정할 것이다. 어쩌면 그는 나중에 더 가격이 올라갈 수도 있다고 믿고 있던 주식을 계속 가지고 있다가 20포인트에서 30포인트 정도의 이익을 올릴 수도 있겠지만 급작스러운 조정이 오기 전에 처분한 뒤 나중에 10포인트 더 싸게 다시 매수할 수 있다면, 어쨌든 해당 주식에서 매수 비용을 그만큼 줄일 수 있는 것이다.

이런 중·단기 변동 장세에 기반한 거래 시점이나 시장 방향에 대한 판단은 오직 주가 시세표를 확인하고 시장의 실제 상황에 의하여 정확하게 예측할 수 있다. 리버모어는 주가 시세표 없이는 어떤 식으로도 그런 부분들을 제대로 예측할 수 없었다. 물론 주가 시세표 밖에서도 시장의 점진적인 흐름 변화나 매수를 떠받치는 현금 유입 현황, 혹은 매수 역량의 약화 같은 다양한 현상을 확인할 수는 있었다.

　그는 숙련된 경험자의 시각으로 시장 자체에서 하강 국면을 읽을 수 있었고 시장을 관찰하며 조정의 끝과 매수를 재개할 때가 언제인지를 예측했다. 이러한 지표는 주로 선도 업종의 선도주들과 다른 많은 개별 종목, 특히 가장 인기 있는 종목에서 찾아볼 수 있다. 리버모어는 시장 자체의 움직임을 통해 시장을 판단하는 원칙을 이미 오래전에 터득했다. 그 움직임은 30분마다 반복되는 작은 변동부터 1년에서 3년까지 이어지는 장기간의 큰 변동에 이르기까지 시장 전체에 걸쳐 광범위하게 나타난다는 사실 역시 깨달았다. 모든 것은 수요와 공급의 문제이며, 일단 그런 사실을 깨닫고 적절하게 적용할 수만 있다면 주식시장 문제 대부분을 해결하는 데 큰 도움이 된다.

　시장은 최소 저항선을 따라 움직이며 수요가 공급보다 클 때 주가는 올라간다. 다른 모든 기업이나 사업가들과 마찬가지로 장기간의 흐름뿐만 아니라 순간적으로 일어나는 시장의 변화를 감지하는 것이 바로 리버모어가 매일 하는 일이다.

12장
성공한 투기자의
매매 방식

주식시장에서 성공하려면 무조건 손실을 줄여라.
손실률을 밑바닥까지 끌어내려야 한다.

_E. H. 해리먼

월스트리트에서 상대적인 위험이나 예상되는 수익의 규모와는 상관없이 누군가 주가가 상승한다고 말한다면 그 말만 듣고 시장에 뛰어드는 경우가 많다. 이건 정말 어리석은 일이다. 월스트리트의 오랜 역사 동안 있었던 수많은 사례에서 그 사실을 입증해주고 있다. 자신만의 확신에 따라 혹은 누군가의 말만 믿고 아무 의심 없이 뉴헤이븐New Haven 주식을 주당 250달러에 매수한 사람들이 있었다. 누군가 당시 그들에게 고작 1,000달러나 2,000달러의 이익을 보기 위해 2만 5,000달러만큼의 위험을 감수하는 것이라고 충고를 했어도 아마 그 말을 들었을 사람은 거의 없었을 것이다.

투자자가 손해 볼 위험 없이 주식을 거래할 수 있다면 굳이 예상되는 이익의 규모를 미리 확인하려고 애쓸 필요가 있을까. 수수료와 세금, 그리고 이자 등을 계산해야 하는 것처럼 손해는 피할 수 없다. 그렇기에 수익을 예상해서 투자한다는 것은 성공 투자를 위한 중요한 요소다.

2포인트나 3포인트의 이익을 기대하며 10포인트에서 30포인트, 때로는 50포인트에서 100포인트의 손해를 감수하려고 하는 건 정말 기가 막힐 정도로 간담이 서늘한 일이다. 다시 말해 일반 투자자들은 성공적인 주식 거래의 첫 번째 원칙 중 하나를 거꾸로 이해하고 있는 것이다. 다시 한번 분명히 말하지만 "손실을 줄이고 이익을 추구"해야만 한다.

지난 50년에서 60년 사이를 돌이켜 보면 성공한 투자자라면 거의 대부분 이 원칙을 따르고 지켰다. 이 원칙을 처음 제시한 건 제임스 킨으로 알려져 있다. 그리고 가장 성공한 면화 투기 상인으로 알려져 있는 딕슨 G. 와츠Dixon G. Watts가 이 원칙을 성실하게 따랐다고 하며 E.H. 해리먼E. H. Harriman도 같은 의견이었는데, 한때 장내 거래인으로 일했던 해리먼은 이런 말을 남겼다. "주식시장에서 성공하려면 무조건 손실을 줄여라. 손실률을 밑바닥까지 끌어내려야 한다." 물론 해리먼은 중간에 거래소를 통하지 않고 수수료도 낼 필요가 없었던 장내 거래인이었기 때문에 이런 주장이 가능했는지도 모른다.

　　또한 주식시장의 거인들은 이익을 내고 있는 주식을 그대로 보유하라는 원칙도 성실하게 따랐다. 그들 중 상당수는 주가가 오르면 그 주식을 계속 더 사들였는데, 그건 자신들의 원칙을 더 강력하게 적용한 결과였다.

　　제시 리버모어는 젊은 시절 사설 거래소를 드나들며 이런 규칙들을 배웠다. 거래소에서는 아주 적은 액수의 보증금만 가지고도 주식을 매매할 수 있었지만 그 얼마 되지 않는 보증금을 다 날린 뒤 그는 자신의 판단이 잘못되었다는 근거를 낱낱이 기록해두었다고 한다. 이런 초창기 경험을 통해 그는 손실을 줄이는 일의 장점과 필요성을 모두 깨달았다. 때때로 다른 많은 사람처럼 원칙에서 벗어나기도 했지만 죽을 때까지 잊지 못할 그런 교훈을 배울 수 있었다.

그는 자신의 매매 기법을 설명하며 이렇게 말했다. "나는 최대한 위험 수위에 가깝게 접근해 투자를 하고 그런 뒤 위험 수위가 가까이 다가오는지를 면밀하게 관찰한다. 내가 틀렸다는 생각이 들면 일찍 거래를 청산할 수도 있지만 일단 내가 매수하거나 매도한 가격에서 조금씩 주가가 움직이기 시작하면 완전히 정리할 때까지는 신경을 쓰지 않는다."

그는 필요 이상의 위험을 감수하는 경우가 거의 없었다. 위험 수위에 가깝게 접근해 투자를 시작하는 그가 불필요한 모험을 저지르지 않는다는 뜻이다. 막대한 규모로 주식을 거래하는 리버모어는 100주 정도를 사람들이 알지도 못하는 사이에 거래하는 소규모 투자자들처럼 쉽게 투자하고 쉽게 정리할 수는 없었다. 그가 위험 수위라고 생각하는 지점이 50포인트라면 그는 50포인트와 55포인트 사이에서 매수를 시작할 것이다. 역시 소규모 거래를 할 때처럼 갑자기 거래를 정지하거나 정확한 수치로 자신의 투자 한계선을 제한할 수는 없다. 하지만 틀렸다는 사실을 깨닫게 된다면 그는 주식을 매도하거나 완전히 정리할 가장 유리한 시점이 될 때까지 기다릴 것이다.

그가 이론적으로 생각하는 위험 수위와 그가 기대하는 최소한 이익 사이의 관계는 대단히 흥미로운 부분이지만 일반 투자자 대부분 그 지점을 제대로 살펴보지 않는다. 주식 거래가 자신의 전문적인 사업이 되는 경우 거래를 계속할수록 일정 비율의 이익과 손실이 발생한다. 그러면 사업을 꾸려나가는데 있어 필요한 모든 비용을 정리한 후 손실액이 이익을 초과하지 않도록 하는 것이 바로 전업 투자자가 하는 일이다.

이런 이유 때문에 리버모어는 모든 거래 목표를 최소 10포인트의 이익을 올리는 것으로 잡았다고 내게 설명했다. 물론 그는 대부분의 거래에서 그보다 훨씬 더 큰 이익을 보았지만 말이다. 그는 실제로 아주 적은 위험을 감수하고 대규모로 거래를 시도해 50포인트가 넘는 이익을 본 적이 있다. 하지만 리버모어는 최소 10포인트 정도로 목표 이익을 정하면 예컨대 세 번의 거래에서 그동안 거둔 이익을 지키면서 한두 번쯤 손해를 보고 거래를 정리할 수 있음을 알게 되었다.

앞에서 설명했던 것처럼 그는 일단 투자를 하고 나면 중요한 변화가 발생하기를 기다리기 때문에 활발하게 거래하지는 않는다. 기다리던 변화가 발생하지 않고 주가가 생각했던 것만큼 움직이지 않는다면 그는 주식 자체나 주가가 움직이는 방향 혹은 거래를 하는 시기에 대해 자신이 실수를 저질렀다는 결론을 내린다.

이 이야기의 요점은 리버모어가 잘 정리된 원칙에 따라 손실이 발생하지 않도록 애쓰며 주가가 유리한 방향으로 움직일 때는 대부분의 경우 수익률이 상당한 수준에 도달할 때까지 그대로 주식을 보유한 상태로 기다린다는 것이다. 따라서 포인트로 계산했을 때 그가 보통 기대하는 이익의 비율은 30포인트나 혹은 50포인트보다 더 크다.

다른 사람들과 마찬가지로 리버모어 역시 수익이 평균치에도 미치지 못하고 빈번하게 손실을 감수해야 했던 일정한 시기가 있었다. 그런 일이 없었다면 그는 아마도 역사상 가장 성공한 투자자가 될 수 있지 않았을까. 그렇지만 그도 역시 인간일 뿐이며 아무리 판단력이 뛰어나다고 해도 오류가 없을 수는 없다. 따라서 그는 그런 거래를 하루 업무의 일부로 여기며 손해가 이익을 넘어서지 않도록 최선을 다할 뿐이다.

주식시장에서 성공한 투자자들이 따르는 원칙이나 기법 등을 뒤집어 생각해보면 일반 투자자들이 실패하는 이유를 알 수 있다. 일반 투자자들을 보통 3포인트의 이익을 얻고 10포인트의 손실을 입는다. 반대로 리버모어는 3포인트를 손해 보고 10포인트의 이익을 얻는 방법을 찾는다. 그에게는 3포인트나 4포인트의 손실도 위험 신호가 되지만 일반 투자자들은 전혀 걱정할 필요가 없는 정상적인 수치라고 생각한다.

또한 이들은 10포인트의 이익을 좀처럼 얻을 수 없는 수준으로 간주한다. 왜냐하면 어리숙한 투자자들은 주식을 매수해도 그 정도로 오래 버틸 수 있는 참을성이 없기 때문이다. 리버모어에게 10포인트 이익이란 처음 투자를 시작할 때 자신의 판단이 옳았으며 이제야 주가가 자신이 생각하는 유리한 방향으로 움직이기 시작했다는 사실을 확인하는 기준이다.

주식시장에서 가장 간단하지만 실천하기 어려운 원칙이 바로 손실을 줄이라는 것이다. 만일 주식을 하는 모든 투자자가 하루에 한 번, 일주일에 한 번, 한 달에 한 번, 혹은 일정 수준의 손실이 발생하는 순간 그 거래를 체계적으로 정리할 수 있다면 성공투자의 길이 열리지 않을까. 물론 주가가 제 갈 길을 찾아 이익을 낼 수 있을 때까지 버틸 수 있는 참을성도 필요하지만 말이다.

손실을 줄이면서 이익은 유지한다는 이 두 가지 원칙은 아마도 리버모어 뿐만 아니라 큰 성공을 거둔 다른 대가들도 가장 중요하게 여기는 원칙일 것이다. 하지만 손실을 줄이는 문제와 관련하여 또 다른 중요한 원칙이 있다. 그 부분은 다음 장에서 살펴보자.

13장

자금을 확보하라

당신의 진정한 가치는 자신이 받는 대가보다
얼마나 더 많은 가치를 제공하느냐에 따라 결정된다.

_ 제시 리버모어

이제 우리는 리버모어가 말하는 위험 지점에 도달했을 때, 혹은 그의 예측과는 달리 손실이 날 것 같은 신호가 감지되었을 때, 그가 어떻게 거래를 정리하는지 그 방법과 함께 주식을 거래할 때 가장 중요한 부분을 정리한 그의 매도 기법 중 하나를 살펴보려 한다. 이 기법은 보통의 일반 투자자들은 대부분 간과하는 내용이다. 우선 나는 며칠 안에, 아니 더 적절한 기간 안에 예상했던 방향으로 움직이지 않는 주식을 정리하는 매도 기법부터 살펴볼 것이다.

그는 확실한 이익을 확보하기 위해 상대적으로 적은 위험만 감수하면 되는 그런 거래 기회를 끊임없이 주시하며 주가 시세표를 통해 거래가 가장 잘 진행될 수 있는 심리적 순간을 찾는다. 그리고 어떤 특정한 주식을 선택해 자신이 생각하는 적절한 지점까지 서서히 움직이는 며칠 혹은 몇 주 동안 관찰한다. 벌써 일정한 준비 기간을 통과했을지도 모를 그 주식을 보고 리버모어는 주식이 움직이기 시작했다고 생각하고는 자신이 옳았다는 확신이 들 때까지 기다린다. 이 주식을 계속 매집 중이라면 마지막으로 치고 올라가는 순간을 확보하기 위해 노력한다. 지금까지 있었던 움직임을 통해 그는 현재 주어진 시장의 상황 속에서 어떤 특정한 움직임을 기대하고, 유리한 신호가 계속 보이는지 확인한다.

그 주식이 석유 관련 종목이며 이제 가격이 급상승할 준비

지점에 가까워지고 있다고 가정해보자. 다른 석유 관련 주식 역시 상승세를 보이고 있다. 그런데 리버모어가 선택한 종목이 시장 전체의 상승추세를 제대로 따라가지 못하고 있다. 그는 자신의 예상이 어긋나고 있는 건 분명 이 주식과 관련된 내부자들이나 다른 세력의 계획을 지연시키는 무엇인가가 발생했다는 결론을 내린다. 어쩌면 일시적인 가격 하락을 불러올 수 있는 소식이 전해졌는지도 모른다. 그 소식 때문에 유독 이 주식에 대한 사람들의 관심이 사그라지고 매수보다 매도 분량이 더 많은 것이다. 가격이 떨어진 주식을 계속 매집할 수는 있겠지만 그에게 달라지는 건 아무것도 없다. 해당 종목은 강세나 약세를 나타낼 수 있다. 약세가 나타났을 때 그는 자신의 예측과 빗나간 주식을 계속 보유하고 있을 여유가 없다는 이유로 재빠르게 모두 정리한다.

반드시 장부상으로 손실이 나서 그런 것도 아니고 또 그 약세의 징조라는 게 미미한 수준일 수도 있다. 하지만 리버모어는 그런 것에 상관없이, 손해가 없는 상황이라도 자신이 예측한 그대로 움직이지 않을 때 문제의 주식을 정리하는 것이다.

투자자들의 자본금을 잠식해버리는 모든 거래 중에서도 아마도 이렇게 원하는 방향으로 갈듯 말듯 하며 제자리를 맴도는 주식이 가장 치명적일 것이다. 누군가 거래에서 손해를 보고 나서 정리한다면 그는 자신이 어느 정도 손실을 입었는지 확실하게 알 수 있다. 그런데 그걸 정리하지 못하고 며칠 안에 방향이 확실하게 정해지거나 이익이 나기를 바란다면 그는 그저 일이 잘되기만을 기다릴 수밖에 없다. 리버모어는 이렇게 말했다. "주식 거래를 할 때 헛된 희망밖에 의지할 곳이 없을 때 거기에서 당장 벗어나야 한다. 그러고 있어 봐야 다른 거래에 방해만 되고 다른 좋은 방법이 전혀 없기 때문이다."

요약하자면, 리버모어는 주식을 매수할 때 지금의 상황을 중요하게 생각한다. 자신의 판단이 옳았다면 움직임이 시작될 것이다. 움직임이 보이지 않는다면 자신이 틀렸거나 아니면 주식을 매수하기 전에 보았던 신호와 모순되는 어떤 일이 발생했다는 것이다. 그렇다면 그는 바로 모든 걸 정리하는 쪽을 선택한다.

주식시장에서 잔뼈가 굵은 사람들이라면 헛된 희망에 매달려 있을 때 가장 크게 손실을 보게 된다는 사실을 잘 알고 있을 것이다. 이 손실이라는 개념 속에는 '그저 보관하고만 있는' 모든 종류의 증권이 포함된다. 어떤 사람들은 주식이나 채권을 안전하게 보관하고 있으면 아무런 문제가 없다고 생각한다. 물론 화재나 도난으로부터 안전할지 모르지만 시장에서 가치가 떨어지는 것만은 결코 막을 수 없다. 자본이 적절하게 계속 순환되어야 하는 건 일반 사업 분야뿐만 아니라 월스트리트에도 적용되는 원칙이다. 번화가에 있는 백화점에서 팔리지도 않는 상품들을 정리하지도 못하고 진열대 위에 계속 늘어놓고 있다고 생각해보자.

경영진은 운용할 수 있는 자본이 줄어들고 있음을 알게 된다. 그 자본은 대부분 진열대와 창고에 팔리지도 않는 상품으로 묶여 있다면, 사업을 계속해 나갈 수 없다. 그런데 백화점의 경영진 중 한 사람을 주식시장으로 보낸다면 어떨까. 그리고 같은 실수를 반복한다면? 그는 주식을 사서 조금 수익을 올리고 그 수익으로 또 다른 주식을 사들일 것이다. 주식을 제대로 처분하지 못하고 계속 갖고만 있고 거기에 특히 주가까지 계속 떨어지기 시작한다면 운용할 수 있는 자본금 자체가 줄어들 뿐만 아니라, 무엇보다 대부분의 사람들이 미처 깨닫지 못한 어떤 일이 일어난다. 그건 바로 이렇게 수익이 없는 거래로 인해 발생하는 '기회의 상실'이다.

모든 제조업체 경영자나 일반 사업가들은 1년 동안 가능한 한 많은 자본을 남겨 이듬해로 넘기려고 노력한다. 그런데 만약 자본의 일부가 묶이게 된다면 묶이지 않은 남은 자본만 넘길 수 있고 그 결과 좋은 상품을 구입할 수 있는 기회를 많이 놓칠 수밖에 없으므로 그 기간 동안 기대할 수 있는 순이익은 훨씬 줄어든다. 그러면 다시 움직일 수 있는 자본금도 줄어들게 되는 것이다.

리버모어가 정말 주의를 기울여 피하려는 상황이 바로 이런 상황이다. 그는 때때로 찾아오는 기회를 적절하게 이용하며 또 적절한 시기에 적절한 주식을 사서 이익을 보는 것을 목표로 하고 있다. 그렇기 때문에 그는 마치 집주인이 정원사를 불러 이제는 쓸모없게 된 죽은 나무들을 치우듯 그렇게 아무런 도움이 되지 못하는 주식들을 정리한다.

손실을 줄여야 한다는 그의 원칙과 앞에서 제시한 사례를 결합해보면 감수해야 할 위험의 규모와 특정한 주식 거래로 돈을 벌기 위해 자본을 투입할 기간에 대한 제한도 미리 정해 두어야 한다. 따라서 그는 매매를 중단해야 하는 가격과 시간에 대한 기준을 모두 미리 세워두었다.

만약 주식의 움직임에 대한 자신의 판단이 잘못된 것 같다면 주가가 크게 변하지 않은 상황 속에서도 바로 정리할 것이며, 또 예상했던 시간 안에 성과가 나지 않는다면 역시 며칠 안에 모든 걸 매도할 것이다.

이 두 가지 원칙은 그의 사업을 유지시켜주는 생명선이다. 자본이 묶이지 않게 계속 순환시켜야 적절한 시기에 시장이 기회를 주면 바로 그 기회를 붙잡을 수 있다.

14장
리버모어가
선택한 주식

---◆---

가장 유망한 업종의 가장 유망한 종목을 선택하라.

_ 제시 리버모어

우리는 지금까지 리버모어가 주식을 매수했을 때 자신이 예상했던 최소한의 수익이 나지 않거나 혹은 기대했던 방향으로 움직이지 않을 때, 어떻게 보유하고 있던 주식을 정리했는지를 살펴보았다. 그렇다면 이제 그가 거래하는 주식의 종목을 한번 살펴보자.

그의 주장대로 최소한 10포인트의 이익을 실현하려면 거의 대부분 아주 좁은 범위 안에서 주가가 수시로 변하는 그레이트 웨스턴즈나 제너럴 모터스 같은 회사의 주식에 관심을 기울이거나 투자할 수 없다는 사실은 명백하다. 물론 이런 주식들도 10포인트 이상 주가가 오르내리지만 보통은 그 정도 움직임이 나오려면 몇 개월 이상 시간이 걸리며 다른 종목의 주식이 30포인트나 40포인트 이상 움직일 때도 별다른 수익 창출의 기회를 제공하지 않을 수도 있다. 따라서 리버모어는 특별히 아주 확실한 조건이 아니라면 이런 종류의 주식은 거래하지 않을 것이다.

리버모어는 넓은 범위 안에서 빠르게 움직이는 시장의 선도주 거래를 선호한다. 선도주는 보통 가장 빠르고 가장 크게 움직이는 업종 중에서도 가장 좋은 종목이다. 선도주를 거래함으로써 최대한의 이익을 얻는다.

감수해야 하는 위험 수준에 비례해 큰 수익이 발생할 가능성이 있는 한 적어도 그가 절대로 손을 대지 않는 주식 같은 건 없다. 실제로 리버모어는 저가주를 거래해 상당한 액수의 돈을 벌어들였고 모든 상황을 고려해도 대단히 만족스러운 수확물이었다. 만약 10달러에 산 주식이 20달러로 오른다면 100퍼센트 오른 것이다. 그런데 주가가 200달러인 멕시코석유공사Mexican Petroleum가 100퍼센트 오르려면 400달러가 되어야 한다. 10달러에서 20달러로 오르는 것과 200달러에서 400달러로 오르는 건 큰 차이가 있다. 리버모어는 이런 부분까지 고려한다.

10달러에 팔리는 주식이 있다면 그는 별 망설임 없이 그 주식을 매수할 것이다. 그 정도면 감수해야 하는 위험도 얼마 되지 않으며 매수 이후에 문제가 생겨도 역시 자신이 정한 정리 기준에는 미치지 못할 것이다. 그런데 멕시코석유공사의 주식을 200달러에 샀고 바로 주가가 몇 달러 하락한다면 그는 바로 정리에 들어갈 것이다. 주식을 매수한 이후 가격이 193달러나 혹은 190달러로 떨어진다는 것은 주가 상승에 대한 기대가 사라졌다고 봐도 무방하기 때문이다. 물론 이런 모든 일은 시장의 특성과 당시 같은 업종 안에서 멕시코석유공사와 다른 종목들의 움직임이 어떤가에 달려 있다. 어쨌든 지금까지 이야기한 것처럼 주식시장에 대한 전망은 각각 다르며 그 자체의 장점에 따라 평가를 받아야 한다.

엄밀하게 말한다면 10달러 주식과 200달러 주식 사이에는 그 가격 차이만큼 똑같이 위험 비율이 증가하는 것은 아니다. 그렇지만 고가주의 진짜 장점은 그만큼 얻게 되는 많은 수익이다. 다시 말해 주식을 많이 사들여 자신의 판단이 옳았다는 것이 증명되면 훨씬 더 큰 수익을 얻을 수 있다.

《월스트리트 매거진》에 실린 어느 대담에서 리버모어는 이렇게 말했다. "가장 유망한 업종의 가장 유망한 종목을 선택하라." 그는 자신이 한 말을 정확히 지키고 있다. 장비 관련 주식시장이 커지면 그는 볼드윈Baldwin처럼 시장이 넓기 때문에 누구의 주목도 받지 않고 쉽게 거래를 할 수 있는 종목을 선택한다. 철도 차량 회사인 아메리칸로코모티브American Locomotive는 그렇게 빠른 움직임을 보이는 종목은 아니지만 차선책이 될 수 있다. 상대적으로 좁은 시장에서 빠르게 움직이는 아메리칸카앤파운드리American Car & Foundry는 확실히 리버모어가 원하는 종류의 그런 종목은 아니다. 이 주식을 그가 2500주까지 매집을 한다면 그건 특정한 시기에 10포인트에서 15포인트까지 주가가 올라갈 수 있기 때문이다.

만일 그가 자신의 보유량을 특정한 시장 조건 하에서 특별히 서둘러 처분하려 한다면 반대로 최대한 가격을 낮춰서 내놓을 수밖에 없다. 예컨대 주가가 50포인트 상승했다고 한들, 그가 실현할 수 있는 이익 수준은 그저 20포인트에서 30포인트 정도로 그칠 것이다. 이 정도라면 수요도 적은 주식을 사들이면서 감수해야 하는 위험을 생각했을 때 너무나도 적은 수익률이라고 볼 수 있다.

물론, 리버모어는 어떤 특정한 종류의 종목에만 집중하지는 않는다. 하지만 거래 규모가 크고 빠른 반응과 넓은 변동폭을 기대하는 그에게 주식 종목에 대한 선택의 폭은 시장에 거의 아무런 영향을 주지 못하는 일반 투자자들의 선택의 폭보다도 훨씬 더 제한적일 수밖에 없다. 그는 월스트리트에서 금융업계 세력으로 알려진 투자 집단들과도 입장이 확연히 다른데, 이 집단은 투자 규모가 대단히 크고 일정한 기간 계속해서 투자를 이어가기 때문에 10포인트 범위 안에서 매집을 하고 역시 10포인트 범위 안에서 분산을 한다.

대체로 리버모어는 서두를 필요가 없는 상황이라면 몇 포인트 범위 내에서 자신이 원하는 분량의 대부분을 매수하는 데 문제가 없다. 그는 여러 종목에 분산투자를 하면서도 종종 주식의 규모가 수십만 주에 달할 때도 있다.

여기에 주식 거래의 성공을 위한 교훈이 또 하나 있다. 거래를 연결해줄 적절한 중간 업체들의 선택도 중요한 고려 사항이다. 리버모어가 그동안의 경험을 바탕으로 만든 투자의 원칙과 함께 이제 이 책을 읽는 독자들은 주식 투자에서 성공을 보장하는 몇 가지 요소들이 무엇인지 확실하게 알게 되었다.

당연한 이야기지만 많은 독자가 "리버모어에게는 맞는 원칙일지는 몰라도 내 생각은 조금 다르다"라고 말할 것이다. 물론 그럴 수도 있다. 리버모어 혹은 다른 대가보다 자기 자신이 주식시장에 대해 더 잘 알고 있다고 생각하는 투자자에게 나는 이렇게 충고하고 싶다.

자신이 알고 있거나 혹은 알고 있다고 생각하는 것들은 다 잊고 이 책에서 소개하는 투자의 원칙을 적용해보라. 그렇게 하는 것이 대단히 복잡한 시장에서 자신의 불완전한 생각을 밀고 나가는 것보다는 훨씬 나을 것이다. 크게 성공한 투자자들이 그만큼의 경험을 쌓고 교훈을 배우기까지 걸린 세월을 한번 생각해보라.

15장
핵심은
피라미딩 기법이다

신은 언제나 가장 강한 자의 편이다.

_ 애디슨 캠맥

이 책의 10장에서 나는 제시 리버모어와 제임스 R. 킨의 투자 방식을 비교하는 몇 가지 내용들을 언급했었다. 그중 하나는 과거 리버모어가 적은 양의 자본금을 마련해 대단히 큰 수익을 냈던 방법이다.

1890년대 초 제임스 킨은 밧줄을 제조하고 판매하는 내셔널코디지National Cordage에서 주식 발행을 관리했다. 당시는 1893년 공황이 닥치기 전으로 시장이 불안하던 때였다. 킨은 내셔널코디지의 주가를 할 수 있는 한 한껏 끌어올렸고 말 그대로 킨의 전 재산과 함께 내셔널코디지의 주가는 무너져 내렸다. 모든 걸 정리하고 난 뒤 그에게 남은 건 3만 달러에 불과했다. 그렇지만 그는 이 3만 달러를 밑천삼아 다시 돈을 모으기 시작했다.

어느 날 유명한 신문기자 한 사람이 찾아와 리하이앤윌크스베르Lehigh & Wilkes barre Coal Co 석탄회사라고 추정되는 뉴저지 센트럴의 자회사들 중 한 곳에 대한 정보를 주었다. 이 회사가 재정난에 직면하면서 당시 주가가 70달러였던 뉴저지센트럴도 큰 타격을 받을 것이라는 정보였다. 무슨 마음으로 킨에게 이런 정보를 전해주었는지 나로서는 알 수 없지만 분명 의심스러운 상황이었다. 킨은 서둘러 보유하고 있던 주식을 정리하며 다른 주주들에게도 이 소식을 전해주었다. 하지만 그쯤해서 그는 뭔가 다른 분위기를 눈치 챘다. 그가 주식을 거의 다 처분했을 때 주가는 다시 오르기 시작했고 이윽고 80달러가 되자 그는 자신이 잘못 판단했다는 사실을 깨달았다.

킨은 큰 손실로 인하여 남아있던 3만 달러도 크게 줄어들었다. 그럼에도 그는 낙담하지 않았다. 그는 다시 갖고 있던 돈을 모두 털어 뉴저지센트럴의 주식을 사들였고 주가가 계속 오르자 보유량을 늘렸다. 주가는 그가 매도를 시작했던 시점과 비교해 100포인트 가까이 올라갔고 그 무렵 킨의 3만 달러는 170만 달러가 되어 있었다. 그는 다시 일어선 것이다.

1906년 12월 리버모어는 시장이 약세로 돌아설 것이라고 판단했고 그 시기가 확실하게 올 것이라고 보고는 적당한 선에서 보유하고 있던 주식을 매도하기 시작했다. 그는 매도 이후 주가가 떨어질 때마다 계속 돈을 벌었다. 그렇게 리버모어는 빠르게 매도를 이어갔고 매도를 시작한 지 몇 개월이 지나 1907년 공황이 시작되었을 무렵에는 이미 100만 달러를 벌어들인 후였다.

그때부터 리버모어에게 피라미딩 기법은 전혀 새로운 것이 아니었다. 이후에 세부적인 부분들이 조금 수정되었지만 그는 자신에게 유리한 상황을 계속 이용할 만한 능력을 결코 잃지 않았다. 그러는 동안 리버모어가 모범으로 삼았던 건 한 세대 전 면화 거래로 큰 성공을 딕슨 G. 와츠였는데 와츠는 자신의 책에서 이렇게 말했다.

"평저화보다 피라미딩 작업을 하는 것이 더 좋다. 이런 주장은 일반 투자자들이 받아들이고 실행에 옮기는 것과는 정반대이다. 평저화란 내가 이미 매수한 주식의 가격이 떨어질 것 같으면 주식을 계속 추가로 매수하는 기법이다. 이러면 매수 가격의 평균 가격이 줄어든다. 시장이 불황일 때 아마도 다섯 번 중 네 번 정도는 이 방법으로 손해를 줄일 수 있겠지만 마지막 다섯 번째가 되면 완전히 망한 시장과 마주하게 되어 분별력을 잃고 허둥거리다 큰 손해를 입게 될 것이다. 그것도 거의 파멸에 가까운 손해. 그런데 피라미딩 작업은 평저화와는 완전히 다르다. 즉, 처음에는 적당히 매수를 하고 주가가 올라감에 따라 천천히, 그리고 조심스럽게 주식 보유량을 늘려간다. 물론 피라미딩 전략에는 대단히 세심한 주의와 관찰이 필요하다."

월스트리트 만큼이나 오래된 이 방법을 와츠 혼자서 떠올린 것은 아니다. 수많은 투기자들이 이 방법으로 막대한 재산을 끌어 모았다. 애디슨 캠맥Addison Cammack은 "신은 언제나 가장 강한 자의 편이다"라는 말을 남겼다. 피라미딩 기법을 주로 사용했던 이 유명한 투자자는 주가가 올라갈수록 그 주식을 계속 매입해 주가를 더 끌어올렸다.

약 18개월 전쯤 나는 리버모어와 피라미딩의 장점에 대해 논의한 적이 있었다. 나는 그에게 이 방법을 통해 아주 적은 자본금만으로도 놀라운 결과가 만들어지는 걸 보았다고 말했다. 그 당시 리버모어는 처음 매수 혹은 매도했을 때의 가격으로 주식을 전량 거래하는 방식을 선호하는 경향이 있었지만, 그 이후 투자 원칙을 조금 수정했고 어느 정도까지는, 그러니까 몇 포인트 범위에서 움직임이 있을 때 제한된 피라미딩 기법을 사용하였다. 리버모어는 이제 피라미딩 기법을 따를 수 있는 가장 좋은 방법은 우선 계획했던 분량의 일부를 거래하는 것이라고 믿었다. 그런 후 자신의 예측이 옳았다는 사실이 시장을 통해 확인되면 점차 거래량을 늘려 처음 목표로 했던 분량을 채운다. 다만 애초에 그는 상당한 규모의 주식을 이미 보유하고 있었기 때문에 이런 식의 매수 방식은 자연스럽게 자신이 원하는 방향 안에서 일종의 보조 수단으로 거래에 활력을 불어넣었다.

리버모어가 크게 도움을 받은 와츠의 또 다른 원칙이 있다. 와츠는 이렇게 말했다. "모든 투기의 기초에는 기본 원칙이 있다. 늘 마음을 깨끗하게 하고 자신이 내리는 판단을 신뢰할 수 있게 만들어라. 기회가 왔을 때를 대비해 언제든 동원할 수 있는 자금을 준비해두어라. 그리고 그때를 놓치지 말고 전력을 기울어 승부를 걸어야 한다!"

지난 오랜 세월 시장은 정점에 도달하기도 했고 또 공황이 닥치며 바닥까지 추락하기도 했다. 이런 기회들이 왔을 때 리버모어는 가장 효과적인 투자를 해냈다. 시장이 공황 상태에 빠져 있을 때 주식을 매수해 길게 가져가고 반대로 상승세로 접어들었을 때는 주식을 매도해 그 상태를 유지하는 방식의 엄청난 장점을 절실하게 깨달았기 때문이다. 그가 적절한 심리적인 순간을 노려 선택하는 일에 언제나 성공했다는 건 아니다. 그렇지만 과거의 어떤 일반 투자자들과 비교해 봐도 그가 했던 선택의 정확도는 의심할 여지 없이 높았다.

이런 식의 전략은 마치 건물을 세우기 위해 기초 공사를 하는 것과 비슷하다. 땅을 깊게 파고들어 기반을 단단하게 다질수록 건물을 더 크고 튼튼하게 세울 수 있다. 리버모어는 상황이 역전될 가능성을 찾아 진정한 매매 기회가 오는지 주시하며 기다린다. 바로 그때 그가 정확한 위치에 서 있다면 그의 피라미딩 기법은 성공할 가능성이 가장 큰 상태에서 시작될 수 있다. 하지만 그의 경험에 따르면 이 피라미딩 기법을 거래 전체로 확장하는 것은 바람직하지 않다는 것이다. 그러다 중요한 조정 국면에 닥치면 서류상으로 큰 손해가 발생할 수 있기 때문이다. 그래서 그는 제한된 범위 내에서 피라미딩 기법을 적용하는 쪽을 선호했다.

16장
시장과 대결한
리버모어

원하는 주식을 매수하기가 어려운가.
마음이 바뀌었을 때 다시 쉽게 매도할 수 있는가. 매수 규모는
어느 정도 되어야 하는가. 그리고 그 밖의 지표들은 어떤가.

_제시 리버모어

어느 날 친구와 리버모어의 투자 방식에 대한 이야기를 나눈 일이 있다. 그러던 중 자신의 선택이 옳은지 확인하기 위해 특정한 때를 골라 다양한 주식으로 시장을 시험하는 리버모어의 방식에 대한 이야기가 나왔다. 내 친구는 그가 시장을 시험할 수 있을 정도로 충분한 자금을 확보하고 있는 것이 성공의 비결이라고 주장했다. 물론 나는 시장을 시험하는 방식 자체도 의미가 있지만 애초에 리버모어가 아니더라도 시장은 계속해서 그런 시험을 받고 있다고 주장했다.

시장에 대한 시험이 무엇인지 이해하지 못하는 사람들을 위해 설명하자면, 대규모 주식을 거래하는 투자자가 거래를 하기 전에 해당 주식에 대한 개인 투자자들이나 투자 세력 등의 반응을 계속해서 확인한다고 생각하면 될 것이다. 이 투자자의 주요 목표는 시장의 흐름이 자신에게 유리하게 돌아설 때까지 주식을 매수해 보유하는 것이며, 흐름에 변화가 일어나는 순간 그는 종종 주식을 일부 매도하거나 완전히 정리한다.

주식시장은 시장을 지탱해주는 힘과 외부 영향력에 의해 움직인다. 시장을 지탱해주는 힘에는 다만 주식에 책정된 가격뿐만 아니라 그 주식을 매수하기 위해 유입되는 자금도 포함된다. 리버모어는 다른 대규모 투자자들과 마찬가지로 주식을 매수해 장기 보유하려 할 때 매집 상황을 살펴본다. 따라서 만일 그가 어느 특정한 가격대에서 매집이 이루어지고 있는 걸 확인하고 자신도 매수에 들어간다면 다음과 같은 내용을 확인하는 것이 중요하다.

"원하는 주식을 매수하기가 어려운가. 마음이 바뀌었을 때 다시 쉽게 매도할 수 있는가. 매수 규모는 어느 정도 되어야 하는가. 그리고 그 밖의 다른 지표들은 어떤가."

그가 어떤 주식을 60달러에 5,000주 샀고 전망이 좋아 보여 계속해서 1만 주, 또는 1만 5,000주로 보유량을 늘릴 생각을 하고 있으며 최소한의 기대 이익 또는 그 이상을 벌 수 있는 가능성이 충분한 상황이라고 가정해보자. 주가는 63달러까지 상승할 수 있으며 그 안에 있는 시장의 특성도 바뀔 수 있다. 다시 말해 리버모어는 주가 시세표를 비롯한 다른 소식통을 통해 그 가격대에서 공급이 수요보다 더 크다는 사실을 알아차리게 되는 것이다. 어쩌면 그는 이러한 수요를 시험해보고 싶을지도 모른다. 이런 움직임을 방해하는 특별한 사건이 일어나지 않는 이상 상승세의 주요 요인인 관련 집단이 청산이나 공매도를 유도하기 위해 주가를 약세로 보이도록 만들려는 가능성을 찾을 것이다. 그렇다고 해도 이 주식을 사들인 것을 스스로 잘 알고 있기 때문이다. 그래서 그는 자신이 거느리고 있는 중개인들을 내보내 2,000주에서 3,000주가량을 매도하며 상황을 살핀다. 이때 관련 집단이 기꺼이 인수할 준비와 의지가 있고 이전 매매 조건으로 자신의 보유량 전부를 처분할 수 있다고 판단되는 경우 리버모어는 이제 결정권은 자기에게 있다고 확신하고 추가로 더 주식을 매수하려고 한다. 왜냐하면 그쪽에서 매도보다는 매수를 원한다는 확실한 증거를 확보했기 때문이다. 이제 그는 최소 저항선을 따라 추세를 따라가려고 한다.

만일 2,000주나 3,000주를 매수하면서 주가가 1포인트에서 2포인트 가량 떨어졌다는 사실을 알게 된다면 그는 자신의 판단이 잘못되었으며 관련 세력에게 주가를 지탱해주거나 올릴 준비나 의지가 없다고 생각하고 더 이상의 행동을 유보할 가능성이 높다.

어쩌면 다시 상당 기간 동안 주가의 동향을 관찰하고 관련 세력이 거래를 시작할 준비가 되었다는 확실한 증거가 나타날 때까지 기다릴 수도 있다. 그렇다면 이 과정은 시장을 시험하는 중간 부분이라고 할 수 있다. 처음에는 매집을 하고 그다음 주가가 오르는 걸 확인한 후 세 번째로 분산을 한다.

그런데 만일 리버모어가 관련 세력이 계획을 바꾸고 보유하고 있던 주식을 정리하거나 규모를 줄이기 위해 노력하고 있다고 의심한다면 그는 그들의 분산 시도에서 어려움을 겪을 때까지 기다렸다가 자신의 단기 계정을 이용해 그들을 도울 가능성이 있다. 이 과정에서 주가는 63달러에서 68달러 정도까지 상승할 수 있으며 그 중간, 즉 65달러 정도를 오가며 두 종류 구매자들의 관심을 끌 수 있다. 주가가 강세일 때 매수에 나서는 사람들과 조정 국면일 때만 매수에 나서는 사람들이다. 그 수준 어디쯤에서 리버모어는 관련 세력이 주식을 매도하고 있다고 판단하면 자신도 따라서 매도를 결심할 것이다. 그리고 관련 세력이 이 과정을 끝내고 주가를 낮추기 시작하면 그는 수천 주 이상의 공매주를 공급함으로써 그들을 더 돕는다. 그런 경우 시장 시험은 관련 세력이 새로운 가격을 제시하는지 확인하기 위해 몇천 주 정도를 더 매수하는 방향으로 진행될 것이며 확인이 끝나면 시험 매수를 중단하고 본격적인 매도에 들어갈 것이다.

이 모든 과정과 거래에서 리버모어는 어떤 일이 벌어질지 자신의 생각을 정리한 뒤 본격적인 매매에 들어간다. 그는 자신의 판단이 빗나갈 때가 언제인지, 또 시장에서 언제 갑작스러운 움직임이 발생할지, 관련 세력의 계획 변경으로 인해 새로운 선도주를 따라가게 될지 등등 앞으로 일어날 일에 대해 전혀 알 수 없기 때문에 조금씩 상황을 시험한다. 자신의 처음 판단을 바꿀 이유가 전혀 없을 때는 원래 계획대로 밀고 나간다. 반대로 자신이 틀렸다고 생각될 때는 모든 걸 정리한다.

리버모어의 방식이 아닌 시장이 지속적으로 마주하게 되는 일반적인 시험은 시장이 순간순간 변하는 모습을 통해 확인할 수 있다. 그날 시장이 마감된 뒤 신문을 통해 볼 수 있는 주가 변화는 다양한 주식에서 일어나는 수천 개의 작은 움직임들이 만들어내는 최종 결과이다. 주식을 거래하는 수많은 투자자의 마음을 반영하는 이론적인 복합체를 구체적으로 표현하는 것으로 볼 수 있다.

리버모어는 시장 전체의 움직임과 각각의 주식이 보여주는 개별적인 움직임을 살펴보며 시장의 결과를 해석한다. 상대적인 강세나 약세라는 특정한 상황 안에서 주식의 움직임이나 행동으로 표현되는 반등과 조정은 결국 시장에 대한 가장 확실한 시험이라고 볼 수 있다. 이런 움직임들은 주가 시세표를 통해 실시간으로 확인이 가능하다. 하지만 시장의 움직임에 대해 정확하게 해석하려면 오랫동안 관찰해야 하며 거기에 시장의 변동으로부터 이익을 끌어내기 위한 수많은 시도까지 이론적인 복합체를 구체적으로 표현하는 것으로 볼 수 있다. 투자자는 비로소 자신의 거래 방식을 확립할 수 있다.

이런 사실을 고려한다면 제시 리버모어는 확실히 많은 일을 경험했고 성공할 자격이 충분히 있는 사람이다. 물론 절대적이라고 할 수는 없지만 그는 대단히 정확도가 높은 판단력을 보유하고 있는 사람이다.

"시장에 들어가기 전 리버모어는
어떤 일이 벌어질지 자신의 생각을 정리한 뒤
본격적인 매매에 들어간다."

Jesse Livermore's
Investing Principles Reevaluated

3
부

제시 리버모어
투자의 원칙 해석

전 세계 역사상 하루 만에 가장 큰돈을 번 개인 투자자, 제시 리버모어! 그를 추종하는 사람들이 많지만 다른 시각으로 보는 사람도 있다. 켄 피셔의 『시장을 뒤흔든 100명의 거인들』에서는 제시 리버모어를 타고난 투기꾼이지만 실패했다고 표현했다. 3부에서는 리버모어의 삶을 재조명하고 그가 남긴 조각조각의 글을 좀 더 살펴보며 그의 투자 철학과 원칙을 입체적으로 느껴보자.

17장
월가의 영웅은
어떻게 탄생했을까?

내가 했던 실수와 단점들을 잘 살펴보면
모든 투자자와 투기자가 겪게 될 위험과 함정을 피할 수 있다.
나의 승리와 실수로부터 교훈을 배워라. 그게 바로 성공 비결이다.

_ 제시 리버모어

우리는 제시 리버모어가 직접 작성한 단 한 권의 책,『제시 리버모어 투자의 원칙』과 함께 그 당시 언론인이었던 리처드 와이코프가 리버모어를 인터뷰하며 작성한 기사들을 엮어서 출간한『제시 리버모어 투자의 기술』을 보았다.

과연 제시 리버모어는 어떤 사람일까? 성장주 투자의 대가인 필립 피셔의 아들이자 PSR(주가매출액비율)이라는 시장 예측 방법을 개발한 켄 피셔는『시장을 뒤흔든 100명의 거인들』에서 제시 리버모어를 '실패한 투기꾼'이라고 소개했다. 항상 투기에 온 마음을 다했지만, 세 번의 결혼과 네 번의 파산, 그리고 호텔에서 스스로 생을 마감하기까지 한 사람의 인생을 봤을 때 그렇게 말한 것 같다.

제시 리버모어는 1877년 뉴잉글랜드의 시골 마을에서 가난한 농부의 아들로 태어났다. 어렸을 적부터 수학을 잘해서 선생님과의 수학 문제 풀기 내기에서 이겼다는 일화도 전해진다. 초등학교를 마칠 때쯤 학교를 그만두고 농사일을 도우라는 아버지의 말에 집을 떠나기로 결심한다. 이른 아침 아버지 몰래 집을 나서는 아들에게 어머니는 그의 손에 5달러를 쥐여주었다.

전 재산 5달러를 가지고 보스톤으로 갔던 그는 페인 웨버 증권회사에서 시세판 사환(일명 초크보이)으로 일했다. 지금은 주가 시황을 시시각각 볼 수 있지만 100년 전은 지금과는 아주 달랐다. 주가 시세표 기기에서 나오는 종이에서 주가를 확인해야 했으며, 누군가 그 종이의 주가를 불러주면 그대로 칠판에 받아적었다. 그 받아적는 일을 리버모어가 했다. 그는 그 일을 하면서 주가의 움직임에서 규칙 같은 걸 발견했다. 그리고 나서 친구와 유사증권회사인 버킷샵에서 3.12달러를 번 것을 계기로 '투기자'의 길로 들어섰다.

제시 리버모어는 자신의 책에 '투자'와 '투기'를 구분해서 썼다. 투자와 투기 모두 이익을 추구한다. 그러나 투자는 장기간에 걸쳐 안정적인 수익을 내는 데 중점을 둔다면, 투기는 1년 미만의 활동을 통해 빠르게 수익을 내는 것을 뜻한다. 이 책에서는 투기자라고 표현했지만 오늘날의 전업 투자자 혹은 데이트레이더라고 보면 될 것 같다.

제시 리버모어는 타고난 투기꾼처럼 기가 막히게 추세를 잘 읽었다. 아마도 오랫동안 주가 시세표를 적으며 그 숫자들 사이의 규칙을 찾으려고 노력했기 때문이 아닐까. 어떤 면에서 그의 인생을 실패했다고 말할 수 있겠지만, 그가 추세를 읽고 모멘텀 투자로 어마어마한 부를 빠르게 쌓았던 '투기의 기술'은 지금까지 우리에게 시사하는 바가 크다.

리버모어가 세 번의 파산에서 기적처럼 다시 백만장자로 부활했을 때, 《뉴욕타임스》 등의 미디어를 활용해 시장을 자신에게 유리하게 활용했다고 한다. "7월물 면화선물은 제시 리버모어가 매점했다" 같은 내용을 흘리는 것이다. 그러면 많은 투자자가 매도하려고 마음을 먹었더라도 반대로 더 매수하려고 하기 때문이다.

켄 피셔는 리버모어가 1930년대 세 단계의 불패 전술을 구사했다고 말한다. 첫째, 거대한 규모로 매수나 매도 포지션을 취한다. 둘째, 주변에 소문을 낸다. 셋째, 따라붙는 묻지 마 투기꾼들에게 팔아넘긴다. 1925년, 곡물 거래에서 입은 300만 달러의 손실을 만회할 때, 그는 은밀하게 작전 세력을 지휘하면서 한 종목을 1년 이내에 19달러에서 74달러로 끌어올렸다.

제시 리버모어의 투기 기법에 문제가 있었다고 하지만, 그가 추세를 읽고 자신만의 투자 원칙으로 매매했을 때 큰 성공을 했다는 것은 틀림없는 사실이다.

투자 철학을 정립하다

리버모어는 시장에 관해 지칠 줄 모르는 호기심과 기술적 분석 공부를 게을리하지 않았다. 많은 사람이 그의 투자법을 궁금해 했고, 그에 관한 질문 중 왜 많은 투자자가 리버모어처럼 돈을 많이 벌지 못했을까에 대한 답을 들어보자.

"물론 나도 돈을 잃은 적이 있다. 하지만 그때마다 나는 그 이유를 찾아내려고 노력했다. 주식시장은 겉만 보아서는 안 되고 늘 꼼꼼하게 배우고 관찰해야 하는 곳이다. 잘 알고 있겠지만 주식 거래 자체는 별로 대단한 게 아니다. 그저 중개인을 통해서 매수를 하고 나중에 다시 전화 한 통으로 팔아치우면 끝이니까. 이런 간단한 과정만으로 돈을 벌게 되면 정말이지 힘하나 들이지 않고 눈먼 돈을 벌었다는 생각이 든다. 아침 9시까지 출근해서 꼬박 8시간을 일하지 않아도 된다는 거니까. 게다가 장부상으로만 거래가 이루어지니까 진짜 큰 노력 없이 아주 손쉽게 부자가 되는 방법처럼 보인다. 10달러에 주식을 사서 어쨌든 10달러가 넘으면 팔아치우는 식으로 거래를 계속하면 돈이 벌린다고 생각을 하는데 사실 그건 진짜 아무것도 모르는 사람의 말이다."

"그런데, 투기자는 언제나 감정 조절에 신경을 써야 한다. 시간이 지나면서 점점 더 잘 알게 되겠지만 특히 '공포'라는 감정이 가장 다스리기 어렵다. 공포라는 감정은 우리의 일상에 잠시 숨어 있을 뿐이니까. 공포라는 감정을 느끼게 되는 순간 사람들은 이성을 잃고 타고난 생존 욕구에만 매달리게 되기 쉽다. 공포는 사람들에게서 합리적인 사고를 빼앗아 가는데, 특히나 돈을 잃기 시작하는 순간부터 사람들은 공포심에 휩싸이면서 판단력을 상실한다. 아무리 진화했다고 하지만 이런 인간의 본성은 변하지 않았다. 그러니 특히 주식시장에서 공포라는 감정에 대해 잘 이해해야 한다."

"실패한 투자자 옆에 항상 붙어 있는 것은 바로 헛된 희망이다. 주식시장에서는 희망과 탐욕, 그리고 공포가 함께 이리 뛰고 저리 뛰면서 마구 설쳐댄다. 일단 주식시장에 발을 들이밀면 바로 희망이 튀어나온다. 희망을 품고 긍정적이 되는 것, 그리고 최선의 결과를 기대하는 게 바로 또 다른 인간의 본성이다."

"사실 이 희망이라는 게 인류가 살아남을 수 있었던 중요한 기술 중 하나인데, 주식시장에서 만큼은 무지와 탐욕, 그리고 공포와 마찬가지로 인간의 이성을 비트는 역할밖에 하지 못한다. 그저 사실과 현실, 이성만이 통한다는 것을 명심해야 한다. 사람은 틀릴 수 있어도 시장은 결코 틀리는 법이 없다. 도박장에 가서 주사위를 굴릴 때 내 운명을 결정하는 건 탐욕도 공포도, 그리고 희망도 아니다. 바로 그 작은 주사위지. 결과는 늘 객관적이고 한 번 정해진 건 뒤바꿀 수는 없다. 순수한 자연의 법칙 그대로."

"내가 볼 때 일반 투자자들은 누군가 자신들을 이끌어주고 가르치면서 해야 할 일까지 지시해주기를 바라는 것처럼 보인다. 그냥 어디 기댈 곳을 찾는 것이다. 이런 사람들은 항상 무리를 지어서 다 함께 움직이려고 하는데, 그래야 안정감을 느낄 수 있으니까. 무리 속에 있어야 더 안전하다고 믿기 때문에 혼자 있는 것 자체를 두려워한다."

"투기자가 주식시장에서 가장 어려움을 겪을 때가 언제인 가? 그건 바로 한 방향으로 움직이는 것 같은 흐름에서 어떤 변화가 나타날 때다. 중요한 변화가 있을 때마다 주식시장에는 지옥이 펼쳐진다. 그렇지만 공매도를 시도했다면 모를까, 나는 대다수의 사람들과 함께 정신없이 그런 분위기에 휩쓸리고 싶 은 생각은 전혀 없었다."

"그렇기 때문에 나는 흔들리지 않고 나 자신을 지키기 위한 두 가지 원칙을 만들었다."

"우선 시장에서 쉬지 않고 계속 투자를 하지 말라는 것. 나 는 여러 번 모든 걸 정리하고 현금을 손에 쥔 채 기다렸던 경우 가 많았다. 특히 시장의 움직임에 확신이 없을 때는 다음 추세 가 확실하게 드러나기만을 기다렸었다. 좀 더 경험이 쌓인 후 에도 변화가 다가오는 걸 느꼈지만, 정확히 언제 어느 정도의 강도로 전개될지 확신이 서지 않을 때마다 모든 걸 정리하고 뒤로 물러나 있었다."

"둘째, 주요 흐름에 변화가 생기면 대부분 투기자가 피해를 보게 된다는 사실을 기억하자. 그런 투기자들은 시장의 흐름을 잘못 판단하고 불리한 방향에 투자했다가 이러지도 저러지도 못하게 되는 경우가 많다. 그래서 나는 변화가 다가오고 있다는 나의 판단이 맞는지 틀리는지를 확인하기 위해서 일단 적은 금액으로 시장을 시험해보곤 했다. 우선 변화가 이루어지는 방향에 맞춰 약간의 매수나 매도를 시도하는 것이다. 그런 식으로 변화의 신호를 확실하게 확인한 후에 본격적으로 매매에 나선다. 이럴 때 나는 특정한 주식을 반복해 매수하며 이전보다 가격이 떨어지면 보통은 주가가 하락하는 변화가 시작되었다는 신호로 받아들였다."

리버모어의 하루는 어떻게 다른가

제시 리버모어는 자기관리에 철저했다. 평일에는 밤 10시만 되면 일찍 잠자리에 들었고 아침 6시에 일어났다. 잠에서 깨면 한 시간 정도는 철저하게 혼자만의 시간을 보냈다. 롱아일랜드 그레이트 넥Great Neck에 있는 저택에서 지낼 때는 가정부가 항상 일광욕실의 탁자에 그가 마실 커피와 주스를 준비해두어야 했다. 그 옆에는 유럽 각국과 시카고의 신문들도 함께 놓여 있었다. 리버모어는 평생 신문 읽기를 게을리하지 않았다. 그는 이 시간에 그날 하루 일을 계획하면서 보냈다. 그는 하루를 진지하게 준비하는 사람이 별로 없다는 사실을 깨달았다. 물론 사람들은 그날의 일정을 계획하고 준비하며 때로는 점심

약속도 하고 또 해야 할 일을 미리 적어보기도 했다. 그들도 그 날 무슨 일을 해야 하고 누구를 만나며 또 사무실에 찾아올 사 람이 누구인지 자세하게 알고 있었다. 그날을 위해 만들어진 계획을 잘 알고 있었다. 그렇지만 그런 중요한 일과에서 자신 이 실제로 직접 준비하고 결정한 내용은 과연 얼마나 되는가?

"나는 주식시장에서 가능한 한 확실한 사실에 근거해 행동 에 나선다. 시장에서 거래를 하려면 때로는 조용히 있는 것도 필요한데, 그날 손에 들어오는 새로운 정보를 시장 상황과 더 불어 제대로 확인하고 평가하고 또 분석하려면 어느 정도 혼자 만의 시간이 필요하다. 어쨌든 주식시장에서는 언제나 분명한 전략이 먼저 갖춰져야만 한다. 그러고 나서 물론 자신이 정한 원칙이나 규칙을 철저하게 따르는 일도 필요하다."

"사람들은 나를 그저 적당한 때만 만나면 바로 시장에 뛰어 드는 그저 그런 투기꾼으로 생각하지만 나는 절대 그런 사람이 아니다. 나는 신문 하나를 읽어도 아무 상관 없어 보이는 작은 실마리 하나에서 중요한 사실을 깨달을 때가 많다. 그러면 그 렇게 깨달은 사실을 분석하고 거기에 따라 주식시장에서 행동 에 들어간다."

"충분히 자고 일어나 기운을 회복하고 나면 나는 누구의 방 해도 받지 않고 한두 시간 혼자서 신문을 샅샅이 훑어본다. 가 뭄 같은 일기 예보나 병충해 발생, 파업 같은 작지만 중요한 소식들을 보고는 이런 일들이 어떻게 옥수수나 밀, 혹은 면화 같은 농작물에 영향을 미치는지 판단을 내린다. 그러다 보면 종종 머릿속에서 어떤 거래 형태가 그려진다."

"특히 신문을 볼 때는 제목만 훑어보는 습관은 버려야 한다. 나는 아주 짧은 기사들까지 꼼꼼하게 다 읽는다. 그러면 특히 어떤 업종의 어떤 종목이 하락세에서 상승세로 아니면 상승세에서 하락세로 변하고 있는지 중요한 실마리를 얻을 수 있을지도 모르니까."

"안타까운 일이지만 많은 주식 투자자들이 신문의 제목만 훑어보고는 자신이 읽은 내용을 너무나 쉽게 다 믿어버린다. 주식시장처럼 큰돈이 오가는 곳이 있는데 그와 관련된 언론 기사에 수많은 함정과 술책, 그리고 위험과 함께 겉만 번지르르한 돈의 덫이 항상 기다리고 있는 건 너무도 당연한 일이 아닐까? 나는 피츠버그를 직접 찾아가 보고 투자자로서는 신문에서 읽은 내용이 어떤 식으로든 주식에 영향을 미치는 정보가 된다는 사실을 깨달았다. 그렇기 때문에 신문을 읽을 때 현실을 꿰뚫어 보기 위해서는 기사의 제공처나 기사가 나온 이유, 그리고 기사의 내용이 주식시장에 미치는 영향 등을 함께 고려해야만 한다. 그렇지 않고 신문 기사만 액면 그대로 믿었다가는 나만 시장에서 돈을 잃게 된다."

"주식 거래 성공의 열쇠는 곧 지식과 참을성이라는 사실을 기억해야 한다. 왜 주식 투자로 돈을 번 사람들이 적은가? 그건 바로 많은 사람이 참을성이 없을뿐더러 시장 자체를 무시하고 또 그저 빨리 돈을 버는 일에만 급급하기 때문이다."

"성공이 그저 우연히 찾아온다고 생각하는 사람이 있다면 그런 사람은 주식 같은 건 멀리하는 게 좋다. 애초에 그런 태도는 시작부터 크게 잘못된 것인데, 주식시장에 몰려든 일반 투자자들의 가장 큰 문제가 바로 이렇게 시장을 도박장 비슷하게 바라보고 있다는 점이다."

"제발 처음부터 주식시장도 법률이나 의학 분야처럼 제대로 준비하고 공부해야 접근할 수 있는 곳이라는 걸 깨달았으면 좋겠다. 법대 학생이 변호사가 되기 위해 공부하는 수준으로 주식시장의 규칙이나 원리를 공부해야만 한다. 내가 순전히 운이 좋아서 성공했다고 생각하는 사람들이 많은데, 사실은 전혀 그렇지 않다. 나는 열다섯 살이 되던 해부터 주식시장에 뛰어들어 늘 공부를 게을리하지 않았다. 오직 주식시장만 생각하며 평생을 바쳐서 최선을 다해 노력하고 또 노력한 했다."

전업 투기자의 작업 환경

제시 리버모어는 집과 사무실에 오가는 시간도 혼자 있을 수 있는 좋은 기회로 생각했다. 차를 타고 갈 때도 있고 날씨가 좋으면 배를 탈 때도 있는데, 그때마다 기사나 선원을 빼고는 아무도 곁에 두지 않고 혼자서 고독한 시간을 누렸다고 한다. 그러면서 조용히 신문을 읽고 그날 할 일들을 확인한다. 그렇게 움직이는 시간조차도 누군가 곁에 있으면 결국 주식시장에 대한 이야기가 나오기 때문이다. 주식과 관련된 온갖 뜬소문에 각자의 예상 등은 의식적으로든 무의식적으로든 그의 사고에 영향을 미칠 것이고, 결국 판단력도 흔들릴 것이다. 그의 친구인 버나드 바루크Bernard Baruch는 자신의 중개인이나 대리인들에게 혹시 무슨 정보가 들어오더라도 절대 자신에게 알려주지 말라고 부탁했다고 한다. 리버모어 역시 버나드와 같은 생각이었다.

성공한 주식 투자자가 갖춰야 할 가장 중요한 덕목 중 하나라면 역시 평정심平靜心일 것이다. 일종의 마음이 안정된 상태랄까? 매사에 진중하면서도 감정의 균형이 잘 잡혀있는 사람이야말로 주식 투자에 적격이다. 그렇게 평정심을 유지하는 사람은 흥분하는 일 없이 희망도 두려움도 잘 다스릴 수 있으니까. 리버모어가 말한 두 번째 덕목은 '참을성'이다. 가능한 한 많은 요소가 자신에게 유리하게 흘러가서 마침내 좋은 기회가 올 때까지 투자자는 기다릴 줄 알아야 한다.

그렇다면 마지막 세 번째 덕목은 무엇일까? 그건 바로 '침묵'이다. 이 침묵이라는 조언자를 늘 가까이 두고 승리도 실패도 모두 자신의 몫으로 받아들여 거기에서 교훈을 얻어라. 평정심과 참을성, 그리고 침묵이야말로 끊임없이 갈고 닦아야 하는 덕목이다. 물론 주식 투자자에게 이런 덕목이 저절로 생겨나는 것은 아니다.

제시 리버모어의 사무실에는 리버모어가 제일 먼저 출근하고 그 뒤를 이어 사무장이면서 보안 담당자이기도 한 해리 다치가 출근한다. 9시가 되면 상황판을 맡아 정리하는 직원 여섯 명이 차례로 도착해 자신이 맡은 종목의 매매 현황을 칠판에 기록한다. 리버모어는 시세를 알려주는 주가 시세표에 의지해 그날의 거래 규모를 결정하곤 한다. 가장 중요한 종목들의 시세를 알려주는 주가 시세표는 높다란 단상 위 게시판 정중앙에 놓여 있고, 그는 그저 고개를 까딱거리는 것만으로도 관심 있는 종목의 현황을 한눈에 확인할 수 있다. 또한 철강, 자동차, 통신 판매, 그리고 무선통신 같은 주요 종목들을 거래하는 거래소와는 직통 전화도 연결되어 있었다.

제시 리버모어는 혼자서만 사용하기 위해 당시로서는 가장 크고 속도가 빠른 주가 시세표를 가져다 확인하기 쉽게 그의 눈높이에 맞춰 설치했다. 실제 그는 주식 거래가 이루어지는 내내 그렇게 서서 작업을 하는 경우가 많았다고 한다. 부족한 운동량도 보충할 수 있고, 늘 정신을 똑바로 가다듬을 수 있기 때문이다. 주식시장이란 만만치 않은 곳이다. 그러니 당연히 고도의 집중력이 요구될뿐더러 게으른 사람은 붙어 있을 수가 없다.

그는 수많은 어려움을 겪고 극복하면서 다른 무엇보다 고독의 중요성을 실감하게 되었다. 그야말로 한 마리의 외로운 늑대처럼 고독하게 혼자서 모든 것을 알아서 하는 그런 개인주의가 딱 어울린다고 생각했다. 주식과 관련되어 일어나는 모든 일은 결국 그가 내린 판단의 결과물이었다. 오로지 주식시장에서 '올바른' 판단을 내리고 수익을 거둘 때만 만족감을 느낄 뿐이다.

그는 주식 매매와 관련된 그의 새로운 기술과 이론을 실전에 적용해보기 위해 사무실을 기존의 브로드웨이에서 좀 더 외각에 위치한 헥셔 빌딩Hecscher Building으로 옮겼다. 새로운 사무실은 대단히 신경을 써서 골랐는데, 그 이유로는 월스트리트 특유의 분위기는 물론 잡다하게 들려오는 뜬소문들과도 거리를 두고 싶었기 때문이다. 그는 그가 하는 일이나 내용에 대해서도 좀 더 철저하게 사람들의 시선을 피하고 싶었다. 그러다 보니 때로는 수십 명이 넘는 주변의 중개인들조차 그가 어떤 거래를 하고 있는지 전혀 알지 못할 때도 있었다.

그 빌딩에는 곧바로 최상층까지 갈 수 있는 전용 고속 승강기가 설치되어 있었다. 그 최상층 전부를 리버모어의 사무실이 차지하고 있었는데 그는 승강기 문이 열리는 곳 앞에 일부러 어떤 표지판도 달지 않았다. 사무실 안으로 들어오려면 먼저 입구의 대기실을 거쳐야 했고 그 대기실을 지키고 있는 게 바로 사무장의 몫이었다.

해리는 생긴 모습뿐만 아니라 그 성격까지 불독처럼 무시무시한 위압감을 주는 사내였다. 그는 키가 190센티미터에 몸무게는 130킬로그램이 넘었고 얼굴에는 마치 싸움꾼마냥 상처가 가득했다. 그렇지만 그는 그런 생김새와는 다르게 대단히 지적인 사람이었다. 해리는 상선의 선원 출신으로 여러 차례 세계 구석구석을 다녀보았고 거기에 라틴어를 포함한 6개 국어까지 구사했다. 또한 박학다식한 독서광으로 모르는 분야가 없어서 관리자로서도 아주 적격이었다.

사무실에 들어오기 위해 반드시 거쳐야 하는 해리의 대기실에는 창문조차 없었고 집기라고는 의자 몇 개와 책상이 전부였다. 해리의 뒤에 있는 문을 열고 들어와야 사무실과 연결되는데 사무실에는 또 다른 문들도 여러 개 있었지만 어떤 문에도 특별한 표지나 이름 같은 건 없었다. 누군가 리버모어를 만나러 왔다고 하면 해리는 먼저 내선 전화로 리버모어에게 약속이 있는지 확인했다. 누구라도 예외는 없었다. 그가 확인을 해주면 그때야 비로소 자리에서 일어나 열쇠로 문을 열고 손님을 안으로 들여보낸다. 어쨌든 해리는 찾아온 손님에게 리버모어의 작업실을 보는 것이 얼마나 어려운 일인지를 알게 했다.

제시 리버모어의 작업실 문을 열면 먼저 널찍한 공간이 나온다. 한쪽 벽 전체를 채우고 있는 건 거대한 초록색 칠판으로, 그 칠판 앞에는 항상 네 명에서 여섯 명 정도의 직원들이 서서 아무 말 없이 일에만 열중했다. 칠판은 종목에 따라 몇 개의 구역으로 나누어져 있었다. 리버모어가 현재 거래를 하고 있거나 관심을 갖고 지켜보고 있는 주식이나 상품 종목들이었다.

리버모어의 관심 종목이나 상품이 늘어나면 거기에 따라 상황판을 담당하는 직원들의 숫자도 늘어났다. 이들은 점심시간을 제외하면 그렇게 온종일 말없이 맡은 일에만 열중했다. 심지어 누군가 점심을 먹느라 자리를 비워도 그 자리를 해리가 대신했기 때문에 거래소에서 전해오는 정보를 놓치는 일은 없었다.

사무실 중앙에는 적갈색으로 번쩍이는 커다란 회의용 탁자가 있는데, 그 주위를 편안한 회의용 가죽 의자 여덟 개가 둘러싸고 있다. 아주 이따금 손님이 찾아오면 리버모어는 언제나 상황판을 마주 보고 앉는다. 그래야 귀로는 손님이 하는 말을 들으면서 눈으로는 주식 상황을 확인할 수 있으니까. 그리고 혼자 은밀하게 거래하기 위해 그 자리를 빠져나가 그의 전용 공간으로 사라지는 일도 적지 않았다.

따로 구분되어 있는 그의 전용 공간 쪽 벽은 묵직한 떡갈나

무와 마호가니 나무로 덧대져 있는데 그는 어느 오래된 영국의 저택 서재 벽에서 그 나무판들을 보고 그대로 떼다가 뉴욕으로 가져왔다.

그의 책상 위에는 각각 '중요'와 '폐기'라는 꼬리표가 붙은 바구니가 두 개, 공책, 그리고 연필뿐이다. 책상 앞에 앉으면 공간을 구분하기 위해 세워 놓은 투명한 판유리 너머로 상황판이 보인다. 리버모어는 책상에 앉아서도 시장 사정을 늘 확인하려고 일부러 투명한 유리 벽을 세운 것이다.

책상 위에는 검은색 전화기 세 대가 있었는데 하나는 영국 런던, 또 하나는 프랑스 파리 그리고 나머지 하나는 시카고 곡물 거래 시장 직통 전화였다. 리버모어는 언제나 제일 먼저 정보를 손에 넣고 싶었고, 또 그렇게 하기 위해 비용을 아끼지 않았다. 제대로 된 정보를 손에 넣어 적절하게 이용할 수만 있다면 어떤 전쟁에서도 승리를 거둘 수 있다. 물론 '가짜 정보'로는 전쟁에 이길 수 없다. 그에게 필요한 건 오직 확실하고 정확한 정보뿐이다.

행동에 나서야 할 때

제시 리버모어는 주가 시세표에 찍혀 나오는 시세와 정보를 계속 주시하면서 동시에 그 의미를 해석하는 게 주식 거래에 진짜 필요한 일이라고 생각했다. 그건 마치 정지해 있는 사진이 아닌 화면이 움직이는 영화를 보는 것과 비슷하다. 쉬지 않고 찍혀 나오는 개별적인 정보들이 대단히 빠른 속도로 그대로 머릿속으로 입력된다. 그러면 그는 영업 시작 후 5일에서 20일 사이에 주가가 5포인트에서 20포인트 정도의 변동을 보일 때 특히 더 주의 깊게 시장을 관찰했다. 또한 상승이나 하락 폭이 3포인트에서 6포인트에 이르면 그 상황도 눈여겨보았다. 이런 모든 요소가 결국 주식시장의 전반적인 흐름을 형성하기 때문이다.

리버모어는 시장이 항상 최소 저항선을 따라 움직인다고 생각한다. 그러다가 처음에는 거의 알아차릴 수 없을 정도로 천천히 나타나 확실하게 상승세나 하락세를 가로막는 힘과 마주하게 된다. 바로 그때가 행동에 나설 시점, 전환점이다. 돈은 바로 그때 벌 수 있다.

리버모어가 말하는 전환점이란 경험이 없는 일반 투자자들로서는 언제 일어나는지 알기 어려울 것이다. 이들은 전환점이 완전히 형성되고 시장의 흐름도 확실하게 바뀌었을 때 뒤늦게 그 사실을 알아차린다. 하지만 노련한 투자자라면 전환점이 발생하는 걸 눈치채고 그에 맞춰 행동에 들어가는 완벽한 심리적 시점에 거래를 완료한다.

요령이 좋은 주식시장의 투자자라면 자신의 감정을 조절하고 항상 지금 당장이 아니라 앞날을 예측하며 행동한다. 특히 한번 지나간 일은 절대로 돌아보지 않는다. 주가 시세표에 찍혀 나오는 시세와 정보를 정확하게 이해할 역량이 있는 사람이라면 새로운 반등 국면에서 주식시장을 지배할 강력한 새로운 업종을 확실하게 찾아낼 것이다.

사람들은 제시 리버모어를 보고 짧은 시간 안에 충동적으로 행동하는 '투기꾼'에 가깝다고 말하지만 그건 전혀 사실이 아니다. 그는 장기적인 흐름만큼이나 짧게 일어나는 소폭의 변화에도 깊은 주의를 기울였던 것뿐이다. 사실 리버모어는 주가 시세표가 찍어내는 온갖 종류의 시세와 정보에 다 관심을 기울였다. 그는 정보를 해석하려고 노력했고, 노력을 도전이라고 생각했다.

문제의 실마리는 멀리 있지 않다. 다만 주어진 실마리를 어떻게 이해하고 침착하게 풀어나가느냐가 문제다. 물론 많은 사람이 노력하지만 모두 잘 되는 것은 아니다. '평정심'과 '참을성' 그리고 '침묵'이야말로 최고의 투자자가 반드시 갖춰야 하는 중요한 감정적인 덕목이라고 리버모어가 말했다.

공포심에 휩싸이면 상황 파악이 잘 안 된다. 상황이 안 좋아 보여도 새로 매수에 들어가거나 정리하지 않고 버티려 하고 반대로 모든 상황이 자신에게 완벽할 정도로 유리하게 돌아가는 것 같아도 갑자기 매도하게 된다.

제시 리버모어는 다른 사람들보다 한발 앞서 상황을 파악하려고 노력했다. 그래서 그는 측근들에게 늘 침묵을 지시했고 그의 판단에 영향을 미칠 수 있는 사람과는 대화 자체를 피했다.

때때로 그는 강력한 상승이나 하락의 국면에서 전환점이 왔다고 생각되면 주식의 보유량을 계속해서 늘려 그대로 몇 개월, 심지어 1년 정도 그의 판단이 옳았다는 게 증명될 때까지 상황을 유지했다. 그가 선택한 종목의 수익률이 제대로 회복이 되기까지는 그만큼 시간이 걸린다. 그러니 새롭게 반등이 일어났을 때 주식 보유량을 늘리든 아니면 시장의 하락세에서 매도에 들어가든 참을성과 신중함을 가지고 기다려야 한다.

제시 리버모어는 열다섯 살이 되었을 때부터 주식시장에 뛰어들었고 그의 삶 가운데 바로 주식이 있었다. 그러다 운이 좋아 1907년의 주식시장 폭락을 거의 시간 단위로 파악하며 큰돈을 벌었다. J.P. 모건 같은 거물이 특별 사절을 그에게 보내 공매도를 중지해달라는 요청을 한 적도 있었다.

1907년에 그는 단 하루 만에 300만 달러를 번적도 있었다. 게다가 1921년의 주식시장이 바닥을 맴도는 위기 때도 매수에 들어가 큰 이득을 보았다. 1929년 대공황이 발생했을 때 그는 '자동차' 업종이 심상치 않은 걸 알아차렸지만 너무 빨리 매도에 들어갔다. 당시 그가 입은 손해는 25만 달러에 달했다. 그러다 나머지 선도주들도 크게 휘청거리며 함께 대공황 속으로 빠져들었는데 그는 거기에서 진짜 반전 전환점이 형성되는 걸 알아차렸다. 즉시 리버모어는 적극적으로 매도에 들어갔고 주식을 계속 정리하면서 결국 그의 인생에서 제일 많은 돈을 벌었다. 그러다 보니 언론과 대중은 그를 1929년 대공황의 주범으로 지목할 정도였다.

"만일 내가 시장이 침체와 호황을 넘나들 때 언제 시장에 들어가고 빠져나와야 할지 그 완벽한 심리적 시점을 찾아낼 수 있었다면 나는 분명 더 큰돈을 벌었을 것이다. 성공한 투자자라면 최소 저항선이 움직이는 방향을 찾아내 그 안에서 거래할 것이다. 시장의 상승세와 하락세 어느 쪽에서도 나는 별반 거래하는 데 어려움을 느끼지 않았다. 매수를 하면서 동시에 매도를 하는 것이 나에게는 지극히 당연한 일이었으니까. 주식시장이란 세 번 중 한 번은 상승세를 타고 한 번은 하락세를 타며 또 한 번은 제자리에 머물게 마련이다."

"어떤 주식이 최고가를 찍었다는 생각이 들면 나는 매수를 중단하고 바로 별다른 감정 없이 매도에 나설 수 있다. 나는 다른 사람들과는 달리 주식에 대해 특별한 감정 같은 건 전혀 갖고 있지 않다. 예를 들어 제너럴 모터스를 매수해 이익을 냈다고 해서 특별한 감정이 느껴지는 건 아니다. 그저 제너럴 모터스의 주식이 나의 예상대로 움직였을 뿐이다. 만일 제너럴 모

210

터스의 주가가 떨어지면서 매도를 통해 이익을 낼 수 있다면 나는 아무런 거리낌 없이 그렇게 할 수 있다. 결국 주식은 물건에 불과한 것이 아닌가. 그렇게 따지면 이 세상에는 좋은 주식도 나쁜 주식도 존재하지 않는다. 그저 투기자가 돈을 벌거나 잃을 수 있는 그런 주식만 존재할 뿐이다."

시장에 들어갈지 아니면 빠져나올지를 판단하고 결정을 내리는 건 바로 '투자자'나 혹은 '투기자' 자신이다. 그 판단이 맞느냐 아니면 틀리느냐가 문제일 뿐이다.

리버모어는 모든 투기자나 투자자가 반드시 경계해야 하는 것이 바로 오만함이라고 말했다. 주식이 자신의 판단과 다른 방향으로 움직인다면 그때는 '잘못'을 인정하고 즉시 시장에서 빠져나와야 한다. 하지만 우리는 거래를 할 때 실수할 가능성이 있다는 당연한 사실을 잊어버릴 때가 많다. 자신의 잘못이나 실수를 바로 인정하는 것 또한 성공의 열쇠다.

"경험이 없는 투자자가 빠지기 쉬운 함정은 바로 주요 매매 주기에서 정확한 최고가와 최저가를 찾아내려 한다는 것이다. 투자자라면 시장에서 빠져나와 상황을 주시하며 기다려야 할 때가 있다는 걸 명심하라. 내 경험에 의하면 정확한 최고가와 최저가를 찾아내는 건 사실상 불가능하며 차라리 신중하게 관망하다 실수를 하는 편이 훨씬 낫다. 물론 자기 돈을 투자한 상태에서 한걸음 물러서서 시장의 방향이 결정될 때까지 참고 기다리는 건 대단히 어려운 일이다. 투자를 했기 때문에 무의식적으로 자신의 입장에서만 생각하게 된다. 매수 중이라면 자신도 모르게 상승세만 신경을 쓰게 되며 매도 중이라면 무의식적으로 하락세만 집중하게 된다. 희망하지 않는 사람은 없다. 희망을 품는 것 자체가 인간의 본성이라는 사실을 기억하자. 바로 그런 이유 때문에 나는 종종 모든 거래를 정리하고 현금을 확보한 뒤 시장 상황을 다시 확인하곤 했다.

시장의 종목 전부 함께 상승세에 올라탈 수는 없지만 특정 업종이 새롭게 치고 나오면서 거기에 속한 종목들이 모두 한꺼번에 상승세를 타는 경우는 많이 있다. 선도 업종의 전반적인 흐름이 그렇다."

"내가 지켜본 바에 따르면 시장의 상승세를 이끄는 주요 동력은 현금의 가용성과 더불어 투자자들의 태도였다. 투자자들이 매수와 매도 어느 쪽에 더 많이 참여하는지가 중요하다. 그래서 나는 항상 가능한 한 현금이 어느 방향으로 움직이고 있는지 확인하곤 했다. 수많은 투자자가 시장에 대해 어떻게 생각하고 이야기하는지는 중요하지 않다. 오직 이들이 실제로 어떤 '행동'을 하는지가 중요하다. 이들의 매수 혹은 매도는 그 즉시 주가 상황판에 반영된다. 그리고 나서 문제는 이 정보를 어떻게 해석하느냐 하는 것이다."

"주가 시세표를 통해 전달되는 시세와 정보를 제대로 해석하는 것은 내 평생의 소명이자 천직이며, 가장 좋아하는 일이다. 이 수수께끼를 푸는 작업만큼 나를 매료시킨 일은 없다. 수수께끼를 풀었다고 누가 상금을 주는 건 아니지만 수수께끼의 해답을 따라 행동하면 보상으로 돈이 생긴다. 정보 해석을 등한시했을 때 따라오는 벌칙이 바로 파산이다. 안타깝지만 나도 파산을 몇 번 경험했다. 나는 내가 스스로 정한 원칙을 어겼을 때는 돈을 잃었고 반대로 원칙을 지켰을 때는 돈을 벌었다."

18장

시장을 읽는 방법

업종의 움직임을 파악하는 것이 바로 성공의 필수 요소다.

_제시 리버모어

시장의 원칙

"나는 이미 오래전에 시장이 결코 만만치 않은 곳이라는 사실을 깨달았다. 마치 언제나 수많은 사람을 바보로 만들기로 작정한 곳 같다. 나의 원칙은 종종 인간의 본성을 거스르는 사고에 바탕을 두고 있다."

- 손해는 빠르게 인정하라.

- 확실하게 거래에 나서기 전에 자신의 판단이 옳은지부터 확인하라.

- 시장에서 완전히 빠져나올 합당한 이유가 없다면 주식을 그대로 보유하고 기다려라.

- 선도주를 따르다. 다만 새로운 시장 환경에서는 선도주의 자리가 바뀔 수 있다.

- 종목의 수를 제한해 집중력을 높여라.

- 신고가 경신은 또 다른 신고가가 계속 이어질 수 있다는 신호다.

- 저가주는 주가가 크게 떨어진 후 나타나는 경우가 많은데 이런 주식은 가격이 오를 가능성이 희박하다. 이런 저가주에는 관심을 두지 마라!

- 전환점을 이용해 흐름의 변화를 확인하라.

- 시장의 추세를 거스르지 말라.

주식시장 분석은 주기의 연구와 직결된다. 흐름이 변할 때

시장은 일단 기존의 흐름이 완전히 사라질 때까지 그대로 머물러 있는 경우가 많다. 움직이는 물체의 바꾸려고 해도 일단은 원래의 방향으로 움직이려 하는 법이다. 그렇기에 시작된 흐름을 거스르려고 하지 말아야 한다. 자유 시장 체제 안에서 가격은 항상 변하는 법이다! 영원한 상승도 하락도 없다. 상황에 상관없이 언제든 승부에 나서는 투기자에게는 오히려 좋은 환경인 셈이다.

업종의 움직임

리버모어는 낚시를 대단히 좋아했고 겨울이면 날씨가 따뜻한 팜비치를 즐겨 찾았다. 바다에 있으면 자신의 인생을 더 진지하게 바라볼 수 있다고 했다. 사실 그는 이렇게 바다에서 낚시를 하며 탁월한 발상들을 여럿 떠올렸다. 길이 90미터의 전용선 '아니타 베니션Anita Venetian'의 뒤쪽 갑판에 앉아 그 주변에서 가장 유명한 일몰을 바라보는 것을 즐겼다. 그는 바다에서 보내는 시간 덕분에 '업종의 움직임'을 발견했다. 개별 주식들이 결코 혼자서만 움직이지 않는다는 사실을 깨달았다. 같은 업종 안의 여러 비슷한 종목들은 보통 같이 움직인다. 철강 업계를 예로 들면 U.S. 스틸이 움직이면 얼마 지나지 않아 베들레헴Bethlehem과 리퍼블릭Republic이 함께 움직이고 곧 크루서블Crucble도 그 뒤를 따른다. 그는 이러한 현상이 반복해서 일어나는 것을 알아차렸고 매매를 할 때 중요한 도구로 활용했다.

시장의 상황을 파악하고 성공을 거둘 수 있는 가장 지혜로운 방법은 전체 업종의 움직임을 자세하게 살펴서 자신에게 유리한 업종과 불리한 업종을 구분하는 것이다. 전망이 밝은 업종에 뛰어들고 전망이 어두운 업종에서 빠져나와야 한다.

그런데 제시 리버모어는 이렇게 단순하면서도 중요한 사실을 잘 알아차리지 못하는 사람들이 많다는 것을 알았다. 다음은 그가 한 말이다.

"불과 몇십 년 전만 하더라도 주식을 매매하는 사람은 수천 명 정도였다. 하지만 지금은 그 수가 수백만 명으로 늘었다. 그 안에서 특정 주식을 매수하려면 먼저 무엇보다 그 업종 자체의 움직임을 살피는 것이 가장 중요하다는 건 너무나도 당연한 일이다. 업종 자체가 문제라면 즉시 매도하라! 취약 업종의 취약한 종목을 피하라. 그리고 유망 업종의 유망 종목에 관심을 가져라. 물론 주식시장에 뛰어들었다면 하루가 다르게 빠른 속도로 변화하는 상황에서 시장의 흐름이 자신에게 불리하게 흘러갈 때 언제든 보유하고 있는 주식을 청산하고 새로운 주식에 관심을 가질 만한 의지와 용기가 있어야만 한다."

선도주 원칙 두 가지를 반드시 지켜라

리버모어는 '선도주 원칙'이라는 대단히 정교한 방법을 고안해냈다. 그는 두 가지 방식으로 선도주에 대해 정리했다.

"첫째, 시장의 흐름을 분석할 때 그날 시장을 주도한 종목에 관심을 기울여라. 시장을 주도하는 선도주에 초점을 맞춰야 한다. 만일 선도주를 통해 수익을 올릴 수 없다면 주식시장을 멀리하는 것이 좋다."

"둘째, 선도주에 집중하면 전체 매매 범위가 줄어들고 더 쉽게 관리할 수 있다. 수익률이 올라갈 가능성이 가장 크기 때문이다. 정확한 최고점이나 최저점을 확인하려는 욕심에 휘말려 매매 전체를 망쳐서는 안 된다."

리버모어는 또한 고점에 따라 매매 시점을 정해서는 안 된다고 생각했다. 고점은 결코 주식을 매도하는 시점이 아니다. 리버모어는 이렇게 말했다.

"어떤 주식이 고점에서 거래되고 있다고 해도 앞으로 계속 더 오르지 말라는 법은 없지 않은가. 공매도 역시 마찬가지다. 어떤 주식이 저가에 거래되고 있다고 해서 가격이 더 내려가지 말라는 법은 없다. 나는 가격이 떨어질 때 절대로 주식을 사들이지 않으며 반등할 때 역시 절대로 공매도를 하지 않는다."

신고가를 형성했을 때 주식을 매수하고 신저가를 형성했을 때 공매도를 하는 건 그 당시에는 정반대의 방식이었다. 리버모어는 그저 시장이 말해주는 사실을 따라 행동했을 뿐이다. 그는 시장에서 단서를 찾아냈다. 그는 막연한 예측이 아니라 주식시장의 현재 상황이 보내주는 신호를 따라갔다. 일부 종목의 경우 꽤 오랫동안 신고가나 신저가를 유지하고 있으며 그렇게 계속 유지한다는 사실을 명심하자.

매매할 때 알아야 할 한 가지!

제시 리버모어는 매매할 때 반드시 필요한 요소로 '추세'를 꼽았다. 그는 종종 이렇게 말했다.

"생각만으로 돈이 벌리지는 않는다. 그저 앉아서 기다리고 또 기다려라. 그러면 시장에서 돈을 벌 수 있다."

하지만 그렇다고 해서 그저 주식을 사고 무작정 가격이 오를 때까지 앉아서 기다리기만 하라는 뜻이 절대 아니다. 대부분 적절한 상황이 펼쳐질 때까지 그대로 기다리는 경우가 더 많았다. 전환점에 매수함으로써 그는 원하는 상황에 들어갈 수 있는 최고의 기회를 얻었다.

"움직임이 막 시작되는 바로 그 시점"에 들어가는 것이다. 그리고 일단 확신을 갖고 행동에 임하면 그는 자신의 행동에 대해서는 더 이상 크게 걱정하지 않았다. 그가 어린 시절부터 정말 당돌하다는 소리를 들었던 건 다 그만한 이유가 있어서였다.

투기자가 어느 종목의 전환점을 확인하고 그 시점에서 움직임을 해석할 수 있을 때, 그는 시작부터 자신에게 유리한 방향으로 흐름이 흘러간다는 긍정적인 확신을 갖고 매매에 임할 수 있을 것이다.

그렇지만 이 전환점을 이용해 흐름을 예측하려고 할 때 명심해야 할 점이 있다. 만일 주식이 전환점을 지나고도 예상했던 흐름을 따라가지 않는다면 그때는 곧바로 중요한 위험 신호로 간주하여야 한다. 리버모어는 전환점을 기다리지 못한 채 적은 이익에 연연할 때마다 큰 손해를 보았다.

그는 전환점 연구가 생각보다 훨씬 더 중요하다는 사실을 깨달았다. 아마도 개인이 할 수 있는 작업 중에서 가장 중요한 부분이 아닐까. 이렇게 스스로 판단해서 성공을 거두었을 때 우리는 무한한 기쁨과 만족감을 느낀다. 다른 사람에게서 얻은 조언이나 지침이 아니라 스스로의 노력을 통해 수익을 거두었을 때 훨씬 더 만족스럽다는 뜻이다.

'전환점 이론'은 주식뿐만 아니라 일반 상품의 거래나 매매에도 적용된다. 리버모어는 매매할 때 전환점을 이용하는 것이 꼭 필요한 부분이라고 생각했다.

시장의 움직임을 머릿속으로 예측하는 건 별로 문제가 되지 않는다. 그렇지만 자신의 예측이 옳다는 것을 시장이 직접 확인해 줄 때까지는 절대로 어떤 행동도 취해서는 안 된다. 굳이 힘들게 번 돈을 써가며 시장의 움직임을 확인하지 않아도 된다.

추세를 추측하는 건 상관 없지만, 자신의 추측이 옳았다는 긍정의 신호가 시장에서 나타날 때까지 그저 참고 기다려야 한다. 만약 신호가 나타나면 그때는 주저하지 말고 실제로 돈을 가지고 시장에 뛰어들어라. 전환점은 아주 중요한 신호다. 하지만 행동에 나서기 전에 그 전환점들이 제대로 확실히 나타날 때까지 기다려야만 한다.

시장이 투기자의 예측과 반대로 움직이는 경우도 많다. 그럴 때 성공하고 싶은 투기자라면 자신의 예측을 과감하게 포기해야 한다. 그리고 나서 시장의 진짜 흐름을 따라가라. 신중한 투기자라면 절대로 시장의 진짜 흐름에 맞서지 않는다. 사람의 예측은 빗나갈 수 있어도 시장은 언제나 정답만을 이야기한다.

투기자에게 시기는 전부나 마찬가지다. 여기서 말하는 '시기'는 주식이 움직일 것이라고 예상되는 때가 아니라 주식 가격이 오르든 내리든, 혹은 그대로 머무르든 정말로 움직이는 그런 때를 의미한다.

1929년의 주식시장 붕괴를 바라보며 리버모어는 전환점 이론에 대한 확신을 갖게 되었다. 이른바 검은 화요일Black Tuesday 은 주식시장 역사상 가장 거대했던 전환점이었다. 이날 전체 주가는 단 하루 만에 11.7퍼센트가 하락했고 그 후로도 계속 하락세가 유지되었다.

제시 리버모어가 전환점을 이해하자, 매매에 있어 그에게 중요한 기술 중 하나가 되었다. 물론 이 기술은 1920년대와 1930년대 초까지만 해도 주식시장에서 정상적인 방법으로 널리 알려져 있지 않은 상태였다. 기본적으로 전환점이란 '시기'와 관련된 도구다. 그는 전환점을 사용해 시장에 진입할 때와 빠져나올 때를 결정했다. 그는 또한 '반전 전환점'에 관하여 다음과 같이 말했다.

"기본적으로 시장에서 일어나는 변화, 즉 새로운 움직임이 시작되는 완벽한 심리적 시간과 일반적인 흐름에서 일어나는 중요한 변화가 바로 반전 전환점이다. 나의 매매 방식은 시장이 장기적으로 상승세인지 하향세인지는 중요하지 않았다. 어쨌든 나는 어떤 종목이라도 항상 매수하거나 매도하고 있었기 때문이다."

제시 리버모어에게 '반전 전환점'은 가장 적절한 매매 시기를 알려주는 신호나 마찬가지였다. 반전 전환점에는 거의 언제나 거래량이 크게 늘어나는 매수 절정기가 함께 발생한다. 대량의 매수와 매도가 함께 발생하는 것이다. '거래량' 증가는 전환점을 이해하는 필수 요소로, 전환점을 확인해주는 신호가 될 수 있다. 매수자와 매도자 사이의 소리 없는 전쟁으로 인하여 반전의 상황이 일어날 수 있다. 그렇게 새로운 흐름이 시작된다. 거래량 증가로 주식시장의 일일 평균 거래량이 50퍼센트에서 500퍼센트까지 증가할 수 있다.

반전 전환점은 특정한 흐름이 장기간 계속된 후에 나타나는 것이 일반적이다. 그렇기에 리버모어는 참을성이 있어야 한다고 했다. 특정 종목에서 진정한 반전 전환점이 일어났는지 확인하려면 인고의 시간이 필요하다. 자신의 판단이 맞는지 시험할 때 사용했던 리버모어의 방법이다.

우선 '미끼'를 던져본다. 특정 주식을 소규모로 매수하여 판단이 옳았음을 증명하고 성공을 거두었다면 계속 거기에 투자를 하는 것이다.

또한 반전 전환점을 확인하기 위해 그가 종종 사용하는 최종 확인 방법도 있다. 그는 해당 업종 전체를 살펴보며 최소한 다른 하나 이상의 종목이 비슷한 흐름을 따라가는지 확인한다.

매수 성공 비결은 바로 이것!

반전 전화점이 일어난 뒤에 그다음으로 중요한 '연속 전환점'이 기다리고 있다. 이 연속 전환점은 제시 리버모어가 붙인 이름이다. 연속 전환점은 보통 확실한 흐름에 따라 움직이던 주식이 자연스러운 조정 국면을 맞이하는 상황에서 발생한다. 연속 전환점이 발생하면 흐름이 계속 이어지는 상황에서 추가로 시장에 진입할 수 있는 기회가 될 수 있으며, 혹은 연속 전환점에서 얻은 기회를 이어가기 위해 거래량을 늘리는 기회가 될 수도 있다.

리버모어는 연속 전환점을 주식 가격의 상승세가 잠시 중단되어 숨을 고르는 단계로 생각했다. 보통은 주가의 자연스러운 조정 국면과 같은 것으로도 이해하지만 신중한 투기자라면 이러한 정리 단계 이후 주가가 어떻게 움직이는지 '예측'하는 것이 아니라 주의 깊게 '관찰'해야 한다.

연속 전환점 신호가 나타날 때까지 기다리다 보면 새롭게 시장에 진입하거나 혹은 이미 진입한 상황에서 거래량을 늘릴 만한 기회가 발생한다. 특정 종목이 자신이 생각하는 방향에서 벗어날 경우 그 뒤를 쫓아가지 말고 그대로 지켜보는 편이 좋다. 그는 상황이 정리되고 새로운 연속 전환점이 형성될 때까지 기다리는 편이다. 연속 전환점은 해당 종목이 원래의 흐름을 계속 이어갈 가능성이 대단히 높다는 사실을 보장해준다. 또한 연속 전환점을 통해 주식은 잠시 숨을 고르고 상황을 정리할 수 있는 시간을 벌게 되며 종종 가격 대비 수익률이 높아져 원래의 주가를 회복하게 된다. 역으로 생각해보면 전환점 이론은 공매도의 성공에 적용될 수도 있다. 그는 몇 년 간 신저가 수준에서 거래되는 주식을 찾아보려고 했다. 만일 이 주식들이 '잘못된 전환점'을 형성한다면, 다시 말해 주가가 신저가에서 다시 더 낮은 수준으로 떨어진다면 계속해서 신저점을 경신할 가능성이 크다.

리버모어는 전환점을 정확히 파악함으로써 적절한 시기에 매수하는 데 성공했다. 따라서 새로운 흐름이 시작되는 그 시점에 적당한 가격으로 시장에 진입할 수 있었다. 덕분에 그는 단 한 번도 손해를 보지 않고 주가의 흐름을 계속 따라갈 수 있었다. 일단 관련된 종목이 전환점을 벗어나도 위험한 상황에 처하는 건 '장부상의 이익'일 뿐 그의 '진짜 자본금'이 아니다. 왜냐하면 그는 거래 시작부터 '수익'을 내고 있었기 때문이다.

리버모어는 전환점이 형성되기 전 너무 성급하게 나서서 매수할 때 '절대로 수익을 올리지 못했다.' 주식의 추세 방향을 결정짓는 적절한 전환점을 형성하지 못할 수도 있기 때문에 성급한 행동은 언제나 위험하다. 그렇다고 해서 처음 전환점이 나타났을 때 5퍼센트에서 10퍼센트 높은 지점에서 매수를 한다면 그때는 또 너무 늦다. 이미 흐름이 본격적으로 시작되었기 때문에 큰 이익을 볼 수 없는 것이다.

거래에서 성공하는데 필요한 유일한 정보를 전해주는 것이 바로 이 '전환점'이다. 주목하는 종목이 전환점을 형성할 때까지 시간이 걸릴 수 있기 때문에 투자자에게는 참을성이 필요하다.

"주가 흐름이 진행되는 동안 가장 큰 변화는 마지막 2주일 정도 기간에 나타난다고 생각한다. 나는 이 기간을 '최종 상승 국면Final Markup Phase'이라고 부른다. 이 현상은 주식 뿐만 아니라 일반 상품 거래에도 똑같이 적용된다. 다시 한번 강조하지만 투기자는 반드시 참을성 있게 기다릴 줄 알아야 한다. 하지만 이와 동시에 자신에게 불리하든 유리하든 어떤 실마리가 보이는지 늘 주의를 기울이고 있다가 매수나 매도 중 어떤 행동을 취할지 바로 결단을 내려야 한다."

상황을 주시하라는 강력한 신호

제시 리버모어가 특히 경계하는 상황은 거래량이 비정상적으로 늘어난 이후 발생하는 가격의 '급격한 상승'이다. 여기서 비정상적이라는 건 평균 거래량을 50퍼센트 이상 초과할 때를 의미한다. 이런 상승 이후 보통은 '일일 반전'이 일어난다.

그는 언제나 시장의 이런 일탈에 신경을 썼다. 그에게 시장의 일탈이란 정상적인 상태를 크게 벗어나는 모든 상황이며 여기에는 주가 급등, 갑자기 늘어나거나 줄어드는 거래량, 그리고 일반적인 기준에서 벗어나는 모든 변화와 비정상적인 흐름 등이 포함된다. 그는 이런 현상을 위험 신호로 간주하고 종종 시장에서 빠져나올 때로 생각한다.

일일 반전은 장기간에 걸쳐 진행되던 움직임이 끝날 무렵 나타나는 경우가 많은데 그는 일일 반전을 이렇게 정의한다. 그날의 고점이 전날 고점보다 높지만 장이 마감될 때 전날 마감될 때보다 주가가 낮고 그날의 거래량이 전날의 거래량보다 많을 때 일일 반전이 일어난다.

주가가 올라가는 동안 최소 저항선의 흐름을 따라 일반적인 수준의 조정 국면만 있었는데 갑자기 비정상적인 수준의 일탈이 발생했다. 거래량이 폭주하면서 단 사흘 만에 주가는 15포인트 이상 상승했다. 정상적인 상승추세가 깨지면서 결국 경계해야 하는 위험 신호가 발생했다. 제시 리버모어는 이런 상황에서 다음과 같이 말했다.

"'참을성' 있게 기다렸다면 '일일 반전'이 나타난 뒤에는 위험 신호를 확인하고 나서 용기 있게 결정을 내려야만 한다."

고정선 돌파

처음 주식시장에 뛰어들었을 때부터 리버모어는 거래량에 늘 신경을 곤두세웠다. 그는 급격한 거래량의 변화를 비정상적인 '이변'이나 '이탈'의 신호로 받아들였다. 문제는 이 상황을 일종의 '매집Accumulation'으로 볼 것인가 아니면 '분산 거래 Distribution'로 볼 것인가인데, 리버모어는 분산 거래를 감지하는 데 전문가였고 자신의 견해에 확신이 있었다. 그는 당시에 주식이 어떻게 '공동 출자자들'에 의해 나눠서 거래되는지 잘 알고 있었던 것이다. 관련 내부자들은 보유한 주식으로 공동 출자자들을 끌어모아 이들에게 주식을 분산시키는 역할을 맡겼고 그 안에서 리버모어와 같은 거래 전문가들이 해당 주식의 분산과 매도를 맡았다.

주식 분산은 주가가 오르는 동안에는 절대로 일어나지 않으며 오직 주가가 떨어질 때만 일어났다. 그 이유는 간단한데, 사람들은 손해 보는 일은 하지 않기 때문이다. 사람들은 주가가 떨어질 때는 주식을 그대로 보유하고 있다가 처음 주식을 매수했을 때 수준으로 주가가 반등할 때까지 기다린 후 매도하려 한다. 반등을 통해 주식 가격이 회복됐을 때 그 상승세가 갑자기 꺾이는 경우가 많은 건 바로 그런 이유 때문이다. 고점에 투자를 했던 사람들은 주가가 다시 떨어져 손실이 발생할지 두렵기 때문에 주가가 반등하는 즉시 매도를 시작해 원금을 회수하려 한다. 원금을 회수하면 그제야 안심한다.

하지만 리버모어는 같은 이유로 신고가가 돌파됐을 때 주식을 매수했다. 간단히 설명하자면 신고가가 돌파된 후에는 가격이 조금 더 오를 것을 기대하며 시장에 주식이 잘 나오지 않은 경우가 있는데 이런 경우 해당 종목의 주가가 계속해서 더 오르게 된다.

거래량의 변화는 또 '경계해야 할 신호'이기도 하다. 대부분의 경우 어떤 변화나 이상 현상이 그 뒤를 따른다. 그래서 리버모어는 늘 거래량 변화에 신경을 썼다. 거래량 변화는 주가가 떨어지는 신호인가 아니면 그 반대로 주가를 끌어올릴 실질적인 원인의 등장인가. 리버모어는 거래량 변화의 이유 같은 건 한 번도 생각하지 않았다. 그저 어떤 신호라는 사실만 당연하게 받아들였을 뿐이었다. 어떤 일이 이미 벌어졌는데 굳이 이유를 찾을 필요는 없었다. 나중에 다 알게 될 테니까. 그는 시장이 알려줄 때까지 그저 기다렸다.

이와는 반대로 거래량이 크게 증가했는데 주가는 변화도 없고 가격도 상승하지 않는다면, 그때는 그 종목의 주가가 이제 떨어질 일만 남았다는 강력한 신호로 받아들여야 하는 경우가 많다. 다만 시장의 흐름이 끝나갈 무렵 일어나는 거래량 증가는 보통 순수한 분산 거래로 받아들이자.

19장
리버모어의
다섯 가지 원칙

절대로 돈을 잃어버려서는 안 된다. 무슨 수를 써서라도
다른 사람이 내 돈에 손을 쉽게 대지 못하게 하라는 말이다.

_ 제시 리버모어

제시 리버모어는 투자하기 전에 항상 다음과 같은 말을 내뱉었다고 한다.

"돈을 잃지 마라. 밑천을 까먹지 마라. 현금이 없는 투기자는 상품을 충분히 갖춰놓지 못한 가게 주인이나 다름없다. 현금은 투기자의 생명줄이고 필요할 때 내놓아야 하는 상품이다. 이 최고의 동반자 없이 무슨 투기며 투자를 할 수 있겠는가. 그러니 절대로 돈을 잃지 마라!"

그는 단일 가격에 모든 밑천을 털어 주식을 한꺼번에 매수하는 건 대단히 위험천만한 행동이라고 말한다. 우선 어느 정도 매수를 할 것인지 결정한다. 예컨대 최종적으로 1,000주를 매수할 계획이라면 전환점 수준에서 200주를 매수한다. 가격이 오르면 200주를 추가로 더 매수한다. 가격이 전환점 범위 내에서 계속 오른다면 또 200주를 매수하라. 그런 다음 시장의 반응을 살핀다. 가격이 계속 오르든지 아니면 조정 국면을 거친 후 가격이 오르면 그때 나머지 400주를 한꺼번에 매수한다.

추가로 주식을 매수할 때마다 주의해야 하는 건 이전 가격보다 높은 가격에 매수해야 한다는 사실이다. 공매도를 할 때도 이와 똑같은 원칙을 그는 적용한다. 대신 이전보다 낮은 가격에 공매도를 해야 한다.

이 원칙의 기본적 논리는 간단하면서도 분명하다. 총 매수량을 1,000주로 정하고 분할해서 매수를 할 때 단계마다 이익이 발생해야 한다. 그렇게 매매 단계에서 이익을 발생한다는 사실 자체가 바로 리버모어의 판단이 옳았음을 입증하는 확실한 증거다. 물론 반대로 손해를 본다면 그의 판단이 틀렸다는 확실한 증거가 된다.

경험이 적은 투기자가 새로 매수에 들어갈 때마다 더 많은 돈을 쓴다는 건 쉬운 일이 아니다. 사람은 누구든지 무엇이든 싼 가격에 사고 싶어 한다. 그러나 같은 주식을 더 높은 가격에 산다는 건 인간의 본능이 허락하지 않는다. 주식시장에서 사람들은 가장 낮은 가격에 주식을 사서 가장 높은 가격에 팔려고 한다. 현실을 외면하면서 괜한 갈등을 겪을 필요는 없다. 사실에 근거하지 않은 희망도 다툼도 다 쓸데없다. 믿어야 할 건 시장의 현실뿐이다. 희망이나 추측, 공포, 탐욕 같은 모든 감정 등은 투기와는 아무런 상관이 없다. 지금 알려진 시세가 진실인데 이 진실 앞에서 사람들은 각기 다른 해석을 한다. 이게 문제다.

다만 투자자는 주식 매수 비율에 차이를 두는 방법을 택할 수도 있다. 예를 들어 처음에 30퍼센트, 그리고 다시 30퍼센트, 마지막으로 남은 40퍼센트를 매수한다. 이런 분할 매수의 비율을 어떻게 정할지는 물론 각 투자자에게 달려 있다. 자신에게 가장 좋은 비율을 선택하면 된다. 분할 매수할 때 원칙 세 가지만 기억하면 된다.

첫 번째, 한 번에 목표량을 전량 매수하지 않는다.

두 번째, 먼저 일부를 매수한 다음 자신의 판단이 옳다고 느낄 때까지 기다린다. 그런 다음 추가로 매수한다.

세 번째, 처음부터 원하는 주식의 규모와 자본금 총액을 정해 둔다.

중요한 손절매의 기준

제시 리버모어는 매수하고자 하는 주식의 규모와 단계별 매수 비율을 미리 정한 다음 매도가격의 하한선도 정해두었다. 그는 '사설 거래소Bucket shop 원칙'이라고 불렀다. 그는 10퍼센트를 기준으로 사설 거래소에 거래를 모두 맡기던 시절 이 원칙을 배웠다. 거래소에서는 손실이 10퍼센트를 넘으면 자동으로 거래를 정리해주었고 10퍼센트 하한선은 곧 그가 가장 중요하게 생각하는 자금관리 원칙이 되었다.

투기자는 거래에 나서기 전에 어느 선에서 거래를 중단할지 확실하게 정해두어야 한다고 그는 말했다. "투자 금액의 10퍼센트가 넘는 손실이 발생할 경우 반드시 거래를 정리하라!"

만일 손실 규모가 50퍼센트에 달했다면 이를 회복하기 위해서는 다음 거래에서 100퍼센트 이익을 내야만 한다.

그는 또한 중개인이 주가가 떨어져 손실을 매우기 위한 자금이 추가로 필요하다고 연락할 때는 그냥 모든 걸 다 정리해야 한다는 사실도 배웠다. 예컨대 주식 한 주를 50달러에 매수했고 곧 주가가 45달러로 떨어졌다고 했을 때 평균 매입비용을 낮추기 위해 추가로 매수를 해서는 안 된다. 매수한 주식이 자신의 예측대로 움직이지 않고 있다면 이미 자신의 판단이 틀렸다는 확실한 증거가 아니겠는가. 이럴 때는 손해를 받아들이고 바로 시장에서 빠져나와야 한다. 손실 균등을 시도하거나 증거금을 더 준비해서는 절대로 안 된다.

리버모어는 주가의 흐름이 일정한 형태로 반복된다고 믿었다. 주가의 흐름은 아주 드문 예외의 경우를 제외하면 늘 비슷하게 반복된다. 시장을 움직이는 주체는 인간이며 인간의 본성은 결코 변하지 않는다는 것이 바로 그 이유다.

대체로 사람들은 주가가 떨어질 때 주식을 사들이고 손해를 보면 계속 보유한 채로 언젠가 다시 가격이 올라갈 거라는 희망을 품고 산다. 이런 사람들이 있기 때문에 10퍼센트 원칙이 꼭 필요하다. 손해가 발생했으면 바로 인정해야 한다. 물론 말은 쉬워도 실천은 어려운 원칙이다.

'사설 거래소'를 통해 거래하던 시절 그는 손실액이 지나치게 키진 사람들이 바로 거래 중지를 당하는 걸 보고 그만의 10퍼센트 원칙을 만들었다. 거래를 하다가 손실 규모가 10퍼센트를 넘으면 그때는 바로 거래를 정리했다. 그는 한 번도 다른 이유를 떠올린 적이 없었다. 그저 손실이 발생한 것만으로도 그런 행동을 하는 충분한 이유가 되었으니까. 때로는 본능에 따라 시장에서 빠져나오기도 했는데 이건 실제로는 본능이 아니라 시장에서의 경험이 오랫동안 쌓여온 결과라고 할 수 있었다.

그는 훗날 주식시장에서의 거래와 관련해 시간이라는 측면의 중요성을 강조한 이론을 또 만들어냈다. 그는 언제나 재빨리 행동함으로써 주식이 장기간 일정 가격 범위 안에서만 맴돌아서 투자금이 묶여버리는 상황을 피해 갈 수 있었다. 작은 가게를 운영하는 사람이 있는데 진열대에 어떤 상품이 팔리지도 않고 자리만 차지하고 있는 상황을 상상해보자. 제대로 된 주인이라면 어떤 식으로든 그 상품을 '처분'하고 사람들이 찾는 상품으로 진열대를 다시 채울 것이다.

주식시장도 이와 다를 것이 없다. 늘 활발하게 움직이는 선도주에 자신의 돈을 투자하라. 주식시장을 움직이는 가장 중요한 거래 요소는 다름 아닌 시간이다.

현금을 비축해야 하는 이유

"현금을 비축해 두어야 한다. 성공한 투자자는 언제나 충분한 현금을 확보해두고 있다. 뛰어난 지휘관은 적절한 상황이 되어 확신을 갖고 총 공세를 취하기 위해 충분한 예비 병력을 마련해 둔다. 그 적절한 때란 모든 상황이 자신에게 유리하게 전개되는 때를 말한다. 그때까지 참아야 한다."

"주식시장에서는 누구에게든 반드시 기회가 찾아오게 되어 있다. 좋은 기회를 놓쳤는가? 조금만 참을성을 갖고 기다려라. 그러면 또 다른 기회가 찾아올 것이다. 조급하게 거래에 나설 필요는 없다. '모든' 상황이 자신에게 유리하게 전개될 때를 기다려라. 시장이 열릴 때마다 전부 참여해야 할 필요는 없다는 사실을 기억하자."

"도박판을 예로 들어보자. 판이 벌어질 때마다 끼고 싶은 게 바로 인간의 본성이 아니겠는가? 이렇게 '벌어지는 판마다 끼어들고 싶은' 욕망이야말로 투기자가 자신의 자본을 관리할 때 가장 경계해야 하는 것이다. 그렇게 하다가는 반드시 재앙이 찾아온다. 나 역시 처음 주식시장에 들어왔을 때 파산을 비롯해 몇 번이고 그런 재앙을 겪었다."

"큰마음을 먹고 주식시장에 들어갔지만 투자금이 제대로 움직이지 않을 때가 있다. 그럴 때는 투자금을 다시 거둬들인 후 잠시 기다리자. 적절한 때가 올 때까지 기다리자는 것이다. 주식시장에서 시간은 곧 돈이 아니다. 시간은 그저 시간일 뿐이고 돈은 돈 일뿐이다. 그저 서두른다고 성공을 하기 어렵다."

현명한 투기자는 항상 참을성과 함께 충분한 예비 자금을 갖고 있어야 한다는 사실을 명심하자.

이익을 만드는 현금 관리

제시 리버모어는 성공적인 주식 매매를 마치고 거둬들인 이익금이 있을 때, 특히 원금의 두 배 이상을 벌었을 때 그중 50퍼센트를 따로 떼어놓으라고 한다. 말 그대로 현금을 찾아 은행이든 금고든 안전하게 따로 보관해두라는 뜻이다.

도박장에서 돈을 땄을 때처럼 자리를 털고 일어나 현금을 챙기는 것이 좋다. 주식시장에서 크게 '이익을 올렸을 때' 이 방법을 사용하라. 도박장이든 주식시장이든 현금은 그의 비밀 무기다. 리버모어가 투기자가 된 뒤에 단 한 가지 가장 후회되는 점이 바로 이 원칙을 가끔 잊었다는 것이다.

"투자 자본의 10퍼센트를 넘어서는 손실은 끌어안지 마라. 발생한 손실을 만회하려면 두 배의 이익을 내야 한다."

"50퍼센트의 손실이 났을 때 이를 만회하려면 100퍼센트의 이익을 내야 한다!"

- 자신의 투자금을 보호한다. 한 번에 모두 투자하지 않는다.

- 손실률 10퍼센트 원칙을 지킨다.

- 현금을 비축한다.

- 수익이 나는 주식은 계속 보유한다. 조급하게 팔지 않도록 한다.

- 이익금의 50퍼센트를 따로 비축한다.

20장

매매를 잘한다는 것

성공한 투자자는 언제나 최소 저항선을 따른다. 시장의 흐름을 따르라.
추세야말로 투자자의 진정한 친구다.

_ 제시 리버모어

제시 리버모어는 주식을 거래할 때마다 두 가지 정리 기준을 잊지 않았다. 바로 '가격'과 '추세'이다. 주가가 그에게 불리하게 움직이면 몇 포인트 정도의 가격 변동 안에서 바로 모든 걸 정리했고, 주가가 예상했던 것만큼 활발하게 움직이지 않으면 사들인 지 며칠 안에 정리했다.

이런 방식은 그의 매매 기법에서 활력소 역할을 했다. 어쨌든 그의 자본금을 계속 굴려 갔기 때문이다. 제시 리버모어가 투자할 때 중요하게 강조했던 말을 다시 한 번 살펴보자.

"나는 주식시장에서 자본금을 모두 회수해 빠져나온 뒤 자본을 묶어두지 말라는 건 최적의 시기에 다시 매매에 나설 수 있도록 필요한 자금을 언제든 준비해두라는 뜻이다. 사령관이 전쟁터에서 승리의 확신이 들었을 때 전력을 다해 공격하려고 예비 부대를 준비해두는 것처럼 말이다."

피라미딩 기법 해석

'평저화平低化, averaging down'를 절대로 하지 말라. 이미 매수한 주식의 가격이 하락해도 절대로 같은 주식을 추가로 매수해 전체 매입 가격의 평균 가격을 낮추는 시도는 하지 말라는 뜻이다. 이와 반대로 그가 추천하는 방법은 바로 가격의 '평고화平高化,

averaging up'다. 매수한 주식의 가격이 올라갈 때 계속해서 추가로 더 매수하는 방법이다.

물론 이 방법 역시 위험할 수 있기 때문에 그는 다음 전환점이 형성되었을 때 어디에 투자할지를 결정하려 했고 그러다가 투자한 주식이 탄력을 받아 가격이 오르기 시작하면 연속 전환점에서 매수량을 늘려나갔다. 그러면서 주식이 더욱 탄력을 받도록 밀어주는 것이다.

하지만 투자자는 주식이 연속 전환점이 상승추세로 바뀔 때까지 기다려야 한다. 그리고 미리 어떤 예측 같은 걸 하지 말아야 한다. 확실하게 그런 상황이 나타날 때까지는 여전히 위험할 수 있기 때문이다. 이러한 시기에는 매와 같은 날카로운 눈으로 시장의 흐름을 지켜보면서 헛된 희망에 '잘못 매달리는 것'이 아니라 만반의 준비를 갖추고 '차분하게 기다려야' 한다.

"피라미딩Pyramiding은 위험한 작업이며 주식의 가격이 계속 오르거나 떨어질 때는 상황이 더 위험해지기 때문에 이 방법을 사용하려는 사람은 민첩성과 노련함을 갖추고 있어야 한다. 나는 본격적인 피라미딩 작업은 시장의 흐름이 시작되는 초기에만 제한적으로 하려고 노력했다. 주식이 기본 가격에서 너무 많이 오른 상태에서 피라미딩 작업을 하는 건 현명한 판단이 아니라는 사실을 깨닫게 된 것이다. 따라서 신고점이 돌파된 후 연속 전환점을 기다리는 편이 더 낫다."

주식도 인간과 비슷해서 나름의 성격이 있다. 공격적인 주식, 내성적인 주식, 외향적인 주식, 까탈스러운 주식, 변덕스러운 주식, 지루한 주식, 직설적인 주식, 논리적인 주식, 예측이 가능한 주식, 반대로 예측할 수 없는 주식이 있는 것이다. 리버모어는 종종 사람을 바라보듯 그렇게 주식을 바라봤다. 그러다 보면 특정한 상황에서 주식이 어떻게 반응할지 예측할 수 있었다고 한다.

하지만 이런 식의 분석을 시도한 건 제시 리버모어가 처음이 아니었다. 그는 주식의 성격이나 성향을 파악하고 그에 따라 대응해 부자가 된 사람들을 많이 보았고, 그들이 어떻게 성공했는지 분석했다.

제시 리버모어는 자신이 정한 투자의 원칙을 만들고 그에 따르려고 노력했다. 원칙 없이 사장에 들어서는 것은 전투 계획 없이 전쟁에 나가는 것과 같다고 보았다.

리버모어는 사람의 이성뿐만 아니라 감정도 시장을 움직이는데 한몫하고 있다고 생각했다. 시장이 이성만으로 움직이는 곳이라면 이미 오래전에 누군가 시장의 원리를 전부 파악했을 것이다. 그렇기에 리버모어는 투기자들에게 투자하기 전에 자신의 감정적 한계선부터 먼저 파악하라고 충고했다. 그에게 성공적인 투기자가 되는 비결을 묻는 사람들에게 하는 말은 다음과 같다.

"주식시장에 투자를 했다고 밤에 잠조차 자지 못하는가? 그렇다면 감당할 수 있을 정도만 투자를 하고 나머지는 모두 정리하라."

"주식시장의 모든 중요한 흐름 뒤에는 누구도 어쩔 수 없는 힘이 작용하고 있다고 나는 믿는다. 투기자로서 성공을 하려면 이런 사실들을 알고 있을 필요가 있다. 전 세계적으로 일어나는 여러 사건들이나 경제적인 상황 등을 주식시장에 내가 직접 적용하는 건 대단히 어렵다. 사실 주식시장은 언제나 이런 사건들보다 먼저 움직인다. 그렇다고 주식시장이 현재의 상황을 반영하며 움직이는 것도 아니다. 주식시장은 아직 다가오지 않은 미래를 보고 움직인다. 때로는 일반적인 상식이나 전 세계적 사건들과는 정반대로 움직이기도 한다. 결국 시장이 그때 왜 그렇게 움직였는지 그 이유는 시간이 흐르고 나서야 겨우 드러난다."

"따라서 이른바 구매 관리자 보고서The Purchasing Managers Report, 국제 수지the Balance of Payments, 소비자 물가 지수Consumer Price Index, 거기에 실업률을 비롯해 여러 뜬소문 같은 현재의 경제 소식이나 사건들을 바탕으로 주식시장의 흐름을 예측해보려 애쓰는 건 어리석은 일이다. 이러한 내용들은 이미 시장에 반영되어 있기 때문이다. 그렇다고 해서 내가 이러한 정보들을 무시했다거나 전혀 모르고 있었다는 건 아니다. 나는 전 세계적으로 발생하는 여러 정치 혹은 경제 문제들에 대해 늘 관심을 기울이고 있었다. 다만 이런 것들을 시장을 '예측'하는데 사용한 적은 없다. 시장이 움직이고 나면 그때 비로소 이른바 경제 전문가들이 나타나 그 상황을 '끼워서 맞추는' 설명을 늘어놓는다. 상황이 확연히 드러난 후에야 왜 시장이 그때 그렇게 움직였는지에 대해 온갖 사건들을 들먹이며 설명을 해보려 하는데 이미 그때는 돈을 벌기에 너무나 늦은 시점이다."

시장이 왜 움직이는지 그 '이유'를 밝혀내려는 노력은 종종 커다란 감정적 동요를 일으킬 수 있다. 간단히 말하자면 시장은 항상 경제 관련 소식이 들릴 때부터 한발 더 앞서 시장에 반영되어 있기 때문에 소식이 들린다고 해서 그에 따라 반응하지 않는다. 시장은 미래의 시간 속에서 살고 움직인다. 예컨대 어느 회사에서 발표한 손익계산서에 아무런 문제가 없는데도 주가가 계속 떨어지는 경우가 있다. 발표 이전에 벌써 그 내용이 시장에 반영되었기 때문이다.

경제 관련 소식들을 너무 진지하게 바라볼 때의 문제점 중 하나는 그로 인해 마음속에 떠오르는 어떤 '선입견'이다. 이런 선입견이 때로는 논리적으로 옳았다고 판명될 수도 있으나, 전적으로 사실이라고는 볼 수 없으며 시장의 상황과 그대로 연결이 되는 것도 아니다.

리버모어는 조절하기 어려운 인간의 감정이 분명 존재한다고 생각했다. 그런 감정이야말로 투기자들이 가장 두려워해야 하는 적이다. 희망과 공포, 그리고 탐욕은 우리의 마음 한 구석에 자리를 잡고 앉아 언제나 행동을 개시할 준비가 되어 있다.

그렇기 때문에 그는 '강세' 혹은 '약세'라는 말을 절대로 꺼내지는 않는다. 이런 식의 용어는 특정한 시장의 방향에 대해 투기자들에게 감정적으로 어떤 편견을 심어줄 수 있기 때문이다. 다시 말해 '강세장'이니 '약세장'이니 하는 말은 시장을 지켜보는 사람들에게 일종의 고정관념을 심어준다. 그래서 실제로는 변화가 일어났는데도 필요 이상으로 장기간 특정한 흐름이나 방향을 맹목적으로 따르게 될 가능성이 크다.

지금 당장은 확실한 흐름이라도 그렇게 오래 지속되지는 않는다는 사실을 사람들이 뭔가 정보를 달라고 부탁하면 리버모어는 '상승추세' 혹은 '하락추세' 정도의 정보만 말해주었다. 추세에 따라 대응한다는 그의 말을 살펴보자.

"나는 절대로 시장을 '예측'하거나 '예상'하려고 노력하지 않았다. 그저 시장이 그 행동으로 내게 신호를 보내면 거기에 '대응'하려고 애쓸 뿐이다."

"나는 특정 주식이 움직이는 방향을 전혀 신경 쓰지 않는 투자자 중 한 사람이다. 나는 그저 '최소 저항선'을 따라 움직일 뿐이다. 나는 시장과 '승부'를 벌이고 있기 때문에 어떤 주식이 어떤 방향으로 움직이고 있다고 해서 별문제가 되지는 않는다. 사실 사람들이 나를 '월스트리트의 큰 곰'이라고 부르는 이유 중하나가 대부분의 다른 투기자들과는 달리 시장의 하락세에 승부를 걸 정도의 배짱이 있기 때문이다."

"주식을 매매할 때는 좋은 방향이라는 건 존재하지 않는다. 매수든 매도든 상관없이 그저 '돈을 벌 수 있는' 방향만이 있을 뿐이다. 공매도는 사실 기본적으로 낙관적이고 긍정적인 인간의 본성을 거스르는 투자 방식이다. 나는 전체 주식시장에서 공매도를 하는 투기자를 4퍼센트 미만으로 본다. 공매도에는 얼마나 손실이 날지 제대로 가늠을 할 수 없기 때문에 분명 '극단적으로 위험한' 투자 방식이다. 따라서 공매도를 하겠다면 자신의 감정을 매우 강력하게 조절할 수 있어야 한다."

"시장의 흐름을 보면 대략 3분의 1은 상승, 3분의 1은 하락, 그리고 나머지 3분의 1은 현상 유지를 하고 있다. 흐름이 상승세일 때만 시장에 들어간다면 시장이 움직이는 전체 시간 중 3분의 2가 제공해주는 기회를 아예 놓치게 된다. 그렇다고 내가 그저 막연한 희망을 품고 어떻게 될지를 궁금해하면서 그저 기다리기만 하는 사람은 아니다. 나는 주식시장에서 늘 매매를 하며 돈을 잃을 때보다는 벌 때가 더 많기를 바라는 그런 사람이다."

"수백만 명이 넘는 사람들이 주식시장에 뛰어들지만 투기를 직업 삼아 전력을 다하는 사람은 거의 없다. 적어도 나는 주식을 직업으로 삼고 있다고 스스로 말할 수 있다. 아니 어쩌면 성공하는 사람이 극히 적은 이 분야를 그냥 직업이 아니라 천직으로 여기고 있는지도 모른다."

"사람들은 늘 나의 본능적인 직감에 대해 이야기한다. 특히 유니언 퍼시픽Union Pacific 철도 주식 거래나 샌프란시스코 대지진 이후 더욱 그런 이야기가 많아졌다. 그렇지만 나는 단 한 번도 내게 특별한 감각이 있다고는 생각해본 적이 없다. 경험이 많은 투기자의 직감이란 내 아버지 같은 농부의 직감과 크게 다를 게 없다. 나는 사실 농부들이야말로 최고의 도박사라고 생각한다. 그들은 매년 농사를 지으면서 밀과 옥수수, 면화, 혹은 콩의 가격을 예측하여 작물을 선택한다. 또 날씨와 병충해, 그리고 아예 예측 불가능한 농작물 수요 등을 놓고 도박을 건다. 이거야말로 진짜 투기가 아닌가. 다른 사업 분야도 다 마찬가지다. 20년, 30년, 혹은 40년이 넘게 농사를 짓거나 가축을 키워온 사람, 혹은 자동차나 자전거를 만들어온 사람이라면 그동안의 경험을 통해 자연스럽게 어떤 육감이나 직감 같은 것을 갖게 된다. 나 역시 그들과 크게 다르지 않다고 생각한다."

"그래도 뭔가 내가 다른 투기자와 다른 점이 있다면 그건 내가 정말로 옳다는 느낌이 들면 바로 그 순간 행동에 나섰다는 점일 것이다. 1929년 주식시장이 대폭락할 때도 역시 그랬다. 당시 나는 100만 주를 들고 매도에 나섰고 단 1포인트만 가격이 달라져도 수백만 달러가 빠져나갔다가 다시 들어왔다. 그런데 그렇게 거대한 승부에서조차 나를 움직였던 건 돈이 아니었다. 그건 바로 승부 그 자체였다. 인류 역사상 가장 복잡하고 어려운 수수께끼를 풀고 승부를 건다. 나는 열정과 도전 정신, 그리고 흥분에 휩싸인 채 승부에 나섰다. 월스트리트에 뛰어든 모든 사람이 마주하는 그 승부는 그야말로 살아 움직이는 역동적인 수수께끼나 다름없었다."

"자신만의 원칙과 확실한 전략, 그리고 제대로 된 계획이 없는 투기자는 시장이 파놓은 함정 중에서 특히 감정의 함정에 빠지게 된다는 점을 명심하자. 이런 사람들은 그저 이 주식 저 주식 건들기만 하다가 손해가 나는 주식은 제대로 못 버리면서 이익이 나는 주식은 혹시나 하는 두려움 때문에 서둘러 처분해 버린다. 탐욕과 공포, 조급함, 그리고 헛된 희망 같은 감정이 결국 투기자의 마음을 지배하게 되며 그런 과정에 실패를 몇 번 맛보게 되면 투기자는 모든 의욕을 잃고 낙담하여 시장이 제공하는 또 다른 기회를 그냥 포기해버린다."

모든 주식 거래의 핵심 요소

"주식시장에서 성공을 보장해주는 마법 같은 건 어디에도 없다. 내가 알고 있는 단 한 가지 확실한 진리는 투자에 나서기 전에 먼저 조사하고 주변을 살피라는 것, 자신이 정한 원칙을 어떻게든 꼭 지키며 그 밖의 다른 것들은 모두 무시해야 한다는 것이다."

"지금까지 여러 번 이야기한 것처럼 주식시장에서 성공을 거두려면 경제학에 대한 기본적 지식이 있어야 하며 해당 기업의 재정 상황, 연혁, 생산 능력, 그리고 기업이 속해 있는 업종의 상태, 전반적인 경제 상황 등을 훤히 꿰뚫고 있어야만 한다."

"결국 가장 중요한 것은 해당 기업이 올리고 있는 수익이다. 주가를 끌어올리는 건 희망이나 탐욕 같은 막연한 감정이 아니라 바로 잠재력이다. 투기자나 투자자가 마지막으로 분석해야 할 대상은 실제로 주식의 가격에 영향을 미치는 추세, 그리고 미래의 수익과 역량이다. 업종과 종목에 상관없이 최종 판단을 내리는 바탕은 바로 현실이라는 사실을 명심하자."

Jesse Liver More
Market Key

제시 리버모어의
시장 핵심 분석

1940년 3월 초판본에 있는 제시 리버모어의 주가 기록표를 가장 완전하게 정리했다.
리버모어만의 작성법을 아주 세세하게 적었기 때문에 그의 투자 원칙과 철학을 확인할
수 있을 것이다.

리버모어 시장 핵심 분석(Livermore Market Key)

오랜 세월 주식시장을 살펴보면서 느낀 건 늘 같은 일이 반복되고 주가의 흐름도 반복된다는 사실이다. 그리고 주식의 종목은 다양해도 전반적인 주가의 움직임은 비슷하다는 결론을 내리게 되었다.

앞서 언급했던 것처럼 나는 처음 주식시장에 뛰어들면서부터 직접 주가를 기록해야겠다고 생각했다. 주가의 흐름을 파악하는 데 도움이 될 거라고 생각했기 때문이다. 그래서 열심히 이 작업에 몰두했고 장차 있을 주가 흐름을 예측하는 데 도움이 될 시작 지점을 찾으려 했다. 물론 쉽지 않은 일이었다.

이제 그때 했던 노력의 결과물을 다시 돌아보며 그런 작업이 그 당시 왜 바로 결과로 이어지지 못했는지 그 이유를 이해할 수 있게 되었다. 그때 나는 그저 순수하게 투기라는 관점에서 시장에 접근했었다. 언제나 시장을 떠나지 않으며 짧은 기간에 일어나는 수많은 변화를 파악해 주식을 사고파는 기준을 만들어내려고 했던 것이다. 그게 잘못된 생각이라는 것을 다행히도 너무 늦지 않게 깨달았다.

어쨌든 나는 계속해서 주가를 기록했다. 꾸준히 하면 그만한 가치를 할 거라는 확신이 있었고 마침내 주식시장의 비밀을 찾을 수 있었다. 내가 기록한 주가를 살펴보며 나는 중간에 발생하는 움직임에는 별다른 의미가 없다는 것을 알게 됐다. 하지만 계속해서 시장을 주시하다 보니 중요한 움직임을 미리 알려주는 그런 반복적인 주기가 눈에 들어 왔다. 그래서 그다음부터는 사소한 움직임은 무시하기로 결정했다.

적지 않은 나의 기록을 면밀하게 살펴보며 나는 문득 '시간'이라는 요소야 말로 정말로 중요한 움직임을 찾아내는데 중요한 역할을 한다는 사실을 깨달았다. 나는 새롭게 용기를 얻어 이 '시간'에 집중했다. 이제 나는 사소한 변화를 일으키는 요소를 찾아내는 방법을 알고 싶었다. 확실하게 흐름이 결정된 상황에서도 그 사이사이에 짧은 변화가 쉬지 않고 일어난다는 사실을 알게 되었다. 이 때문에 많은 혼란이 있었지만 나에게는 더 이상 문제 되지 않았다.

나는 일반적인 조정 국면이나 반등이 시작되는 시점이 언제인지 알아내고 싶었다. 그래서 주가의 변하는 범위를 확인하기 시작했다. 일단 1포인트를 기준으로 계산했지만 크게 도움되지 않았다. 그다음은 2포인트, 그리고 계속해서 1포인트씩 높여가며 계산하다가 마침내 일반적인 조정 국면이나 반등이 시작되는 것으로 생각해도 될 만한 지점에 도달하게 되었다.

일단 상황을 간단히 정리하기 위해 특별한 표를 하나 만들었다. 그리고 선을 그어 칸을 만들고 이렇게 만든 표를 나만의 '미래 주가 예측 지도'라고 이름을 붙였다. 각 종목의 주식에 6

개의 칸을 배정하여 각각 주가를 가록했다. 각 주식에 총 6개 칸을 할당하여 조정이나 반등 같은 특별한 상황에 대한 주가를 기록했다.

첫 번째 칸은 2차 반등 상황

두 번째 칸은 일반적인 반등 상황

세 번째 칸은 상승추세 상황

네 번째 칸은 하락추세 상황

다섯 번째 칸은 일반적인 조정 상황

여섯 번째 칸은 2차 조정 상황

상승추세 칸에는 검은색으로 적는다. 상승추세 왼쪽 2개 칸에는 숫자를 적는다. 하락추세 칸에는 빨간색으로 하락추세 오른쪽 2개 칸에는 연필로 적는다.

따라서 상승추세 칸이나 하락추세 칸 중 한 곳에 주가를 기록하는 건 당시 주가 흐름이 실제 흐름인지 확인하는 것과 같은 의미가 있었다. 각기 다른 색으로 기록하는 것도 나에게는 의미가 있다. 빨간색 혹은 검은색으로 꾸준히 기록한다면 정확한 정보가 된다.

연필로 작성한 기록은 일반적인 변화를 보여준다. 다만 나중에 다시 기록표를 정리할 때 기존의 연필 기록을 옅은 파란

색으로 다시 적어 넣었다.

30달러 혹은 그 이상의 가격으로 판매되는 주식들 중에 내가 알아차리기 전에 극점에서 6포인트 정도 반등 혹은 조정이 일어나면, 나는 일반적인 반등이나 조정이 일어나는 것으로 생각했다. 이런 반등이나 조정은 시장의 전반적인 흐름이 변하고 있다는 신호는 아니며 그저 일반적인 움직임을 보이고 있다는 정도의 의미다. 이런 흐름은 반등이나 조정이 일어나기 전의 상황과 정확히 똑같다.

여기에서 나는 어느 한 종목의 주가 움직임을 업종 전체의 흐름이 확실히 바뀐 것으로 받아들이지 않을 것이다. 대신 같은 업종의 두 가지 이상 종목의 움직임을 보고 흐름이 분명하게 바뀌었는지 결정할 것인데, 이때의 가격이 '핵심 가격Key Price'이다. 두 종목의 가격과 움직임을 결합해 '핵심 가격'을 찾아낼 수 있다. 때로는 단일 종목의 주가가 크게 변해 상승추세나 하락추세에 기록할 수준이 되기도 한다. 그렇지만 이렇게 한 종목만 살펴본다면 전반적인 흐름을 잘못 판단할 위험이 있다. 적어도 2개 이상 종목의 움직임을 확인해 확실한 근거를 찾는다. 따라서 추세가 확실하게 변했는지 여부는 핵심 가격의 움직임을 보고 판단해야 한다.

이 핵심 가격을 이용한 기법에 대해 더 설명해보자. 흐름을 변하는 기준을 6포인트라 할 때 내 기록에 나와 있듯 때로 나는

U.S 스틸의 주가가 예컨대 5와 1/8포인트만 움직였는데도 기록을 했을 때가 있다. 왜냐하면 여기에 상응하는 자매주인 베들레헴스틸의 주가가 7포인트 변했기 때문이다. 두 개 종목의 가격 움직임을 합치면 그것이 핵심 가격이 된다. 둘을 합치면 12포인트기 때문에 한 종목 당 6포인트가 변한 것이다.

평균적으로 한 종목의 가격 변동이 6포인트가 되면 상승추세 칸에 기록한 마지막 가격보다 높을 때 혹은 하락추세 칸에 기록한 마지막 가격보다 낮을 때마다 전에 극점을 기록한 같은 칸에 그 가격을 계속 기록한다. 이런 과정을 반전 움직임이 나타날 때까지 계속한다. 물론 반대 방향으로 평균 6포인트의 주가 변동이 일어난 것이 반전 움직임의 기준이 된다.

나의 주가 기록표를 보면 내가 기준을 정한 이후 이 기준을 어긴 적이 없다는 사실을 알 수 있다. 어떤 예외도 없으며 결과가 나의 예상과 다르더라도 어떤 변명도 하지 않는다. 내가 기록한 가격은 내가 마음대로 정한 것은 아니라는 사실을 명심하라. 이 기록은 그날 시장에서 발표된 실제 거래 가격을 바탕으로 하고 있다.

주가 기록을 시작하면 기준이 되는 포인트를 처음부터 정확하게 결성했다고 말하는 건 아마도 뻔뻔한 일이겠지. 뿐만 아니라 그런 말 자체가 무책임하고 사람들을 혼란스럽게 만들 수도 있다. 나는 그저 오랜 관찰과 분석 끝에 기록의 기준이 될 만한 포인트를 찾을 수 있었다고 생각한다. 나의 기록을 살펴보면 중요한 주가 움직임에 대한 접근 방식을 결정하는데 유용한 지도를 직접 그려낼 수 있을 것이다.

누군가 성공은 언제 결단을 내리느냐에 달려 있다고도 말한다. 열심히 자신만의 주가 기록표를 만들고, 그 안에서 매매에 임할 실마리를 얻었다고 해도 즉시 행동할 수 있는 '용기'가 있어야만 성공할 수 있다. 우유부단한 사람은 결코 성공할 수 없다. 결단력 있는 행동을 할 수 있도록 마음을 단련하라. 다른 사람이 대신 나서서 설명을 해주거나 확신을 심어줄 때까지 기다리다가는 행동에 들어갈 시간을 놓치고 만다.

예를 하나 들어보자. 유럽에서 전쟁이 시작되자 모든 주식 가격이 급격하게 상승한 후 시장 전체에서 일반적인 조정 국면이 발생했다. 그다음 주요 4개 업종에 속한 모든 종목 주가가 다시 반등했고 철강 업종을 제외한 전 종목이 신고가에 도달했다. 나를 따라 주가를 꾸준히 기록해 온 사람이라면 당연히 철강주의 움직임에 주목했을 것이다. 철강주가 함께 상승세를 이어가지 못한 어떤 이유가 분명히 있지 않았을까. 당연히 그랬다!

하지만 당시에 나는 그 이유를 제대로 알 수 없었고 그걸 아는 사람이 있을까 의심스러웠다. 그렇지만 주가를 계속 기록해왔던 사람이라면 그 움직임을 보고 이제 철강 업종의 상승추세가 끝났다고 생각했을 것이다.

그로부터 4개월이 지난 1940년 1월 중순이 되자 사람들은 그 이유를 알게 되었다. 그동안 영국 정부는 U.S. 스틸의 주식 10만 주를, 캐나다 정부가 2만 주를 매각한다고 발표했다. 이 발표와 함께 U.S. 스틸의 주가는 1939년 9월 기록한 고가보다 26포인트 낮은 수준을 기록했고 베들레헴스틸은 29포인트가 더 낮았다. 반면에 다른 3개 주요 업종 주가는 철강주가 고가를 기록했던 때와 같은 시기가 형성된 가격 수준에서 고작 12와 1/2 포인트에서 12와 3/4 포인트 정도만 낮아졌다.

　특정 주식에 대해 이를 매수하거나 매도해야 할 '확실한 이유'를 찾아내려는 것이 얼마나 어리석은 지 알려주는 사례다. 확실한 이유가 나타날 때까지 기다리다가는 적절한 때가 다가와도 행동할 기회를 놓치고 말게 된다! 투자자나 투기자들에게는 시장의 움직임 그 자체가 자신이 행동할 이유가 될 뿐 다른 이유 같은 건 없다. 시장이 적절하지 않게, 혹은 예상과는 다르게 움직인다면 그때는 자신의 생각을 바로 바꿔야 한다. 주가가 어떤 식으로 움직이든 거기에는 다 이유가 있다는 사실을 명심하자.

　반복해서 말하지만 나의 주가 기록은 중요한 움직임이 일어나는 중간의 상황과는 별로 관련이 없다. 이 기록은 오직 '중요한 움직임'을 알아차리기 위한 도구로, 그 중요한 움직임의 시작과 끝을 알려준다. 따라서 이 기록을 잘 따르면 중요한 가치의 변동을 찾아낼 수 있을 것이다. 이 기록은 대략 30달러를 기준으로 활발하게 거래되는 주식을 대상으로 하여 만들어졌다. 물론 기본적인 원칙들은 모든 종목의 움직임을 예측하는데 사용될 수 있겠으나, 아주 가격이 낮은 주식들의 경우는 공식에 어느 정도 수정 작업을 해야 한다.

하지만 그렇게 복잡한 일은 아니다. 관심만 기울인다면 다양한 측면을 쉽고 빠르게 이해할 수 있을 것이다.

이제부터는 내 기록과 함께 그 안의 숫자에 대해 좀 더 자세한 설명을 덧붙이려 한다.

주가 기록표 작성 규칙 설명(EXPLANATORY RULES)

- 상승추세 칸에는 검은색으로 적는다.
- 하락추세 칸에는 빨간색으로 적는다.
- 나머지 4개 칸에는 연필로 적는다.

4 - a 일반적인 조정 상황 칸에 기록을 시작한 첫날, 상승추세 칸에 기록한 가장 최근 수치 아래 빨간색 줄을 긋는다. 상승추세 칸에 기록한 가장 최근 가격에서 처음으로 약 6포인트 조

정이 일어나면 시작한다.

　b 일반적인 반등 상황 혹은 상승추세 상황 칸에 기록을 시작한 첫날, 일반적인 조정 상황 칸의 가장 최근 수치 아래에 빨간색 줄을 긋는다. 일반적인 조정 상황 칸에 기록한 가장 최근 가격에서 처음으로 약 6포인트 반등이 일어나면 시작한다.

　이제 확인해야 하는 두 개의 전환점이 만들어졌다. 시장이 그 전환점 수준에 들어가 어떤 가격이 만들어지느냐에 따라 우리는 확실한 추세가 다시 시작되는지 아니면 그냥 끝나는 지에 대해 결정을 내릴 수 있다.

　c 일반적인 반등 상황 칸에 기록을 시작한 첫날, 하락추세 칸에 기록한 가장 최근 수치 아래 검은색 줄을 긋는다. 하락추세 칸에 기록한 가장 최근 가격에서 처음으로 약 6포인트 반등이 일어나면 시작한다.

　d 일반적인 조정 상황 혹은 하락추세 상황 칸에 기록을 시작한 첫날에 일반적인 반등 상황 칸의 가장 최근 수치 아래에 빨간색 줄을 긋는다. 일반적인 반등 상황 칸에 기록한 가장 최근 가격에서 처음으로 약 6포인트 조정이 일어나면 시작한다.

　5 - a 일반적인 반등 상황 칸에 가격을 기록할 때, 그리고 이 가격이 일반적인 반등 상황 칸의 가장 최근 수치(밑에 검은 줄)보다 3포인트 이상 높을 때 상승추세 상황 칸에 검은색으로

기록한다.

b 일반적인 조정 상황 칸에 가격을 기록할 때, 그리고 이 가격이 일반적인 조정 상황 칸의 가장 최근 수치(밑에 붉은 줄)보다 3포인트 이상 높을 때 하락추세 상황 칸에 빨간색으로 기록한다.

6 - a 상승추세 상황 칸에 가격을 기록한 이후 6포인트 정도 조정이 일어나면 그 가격을 일반적인 조정 상황 칸에 기록하기 시작한다. 주식이 일반적인 조정 상황 칸의 가장 최근 가격보다 낮은 가격에 거래될 때 그 가격을 일반적인 상황 칸에 매일 빠지지 말고 기록한다.

b 일반적인 반등 상황 칸에 가격을 기록한 이후 6포인트 정도의 조정이 일어나면 그 가격을 일반적인 조정 상황 칸에 기록하기 시작한다. 주식이 일반적인 조정 상황 칸의 가장 최근 가격보다 낮은 가격에 거래될 때 그 가격을 일반적인 조정 상황 칸에 매일 빠지지 말고 기록한다. 다만 가격이 하락추세 상황 칸의 가장 최근 가격보다 더 낮을 때는 이를 하락추세 상황 칸에 기록한다.

c 하락추세 상황 칸에 가격을 기록한 이후 6포인트 징도 반등이 일어나면 그 가격을 일반적인 반등 상황 칸에 기록하기 시작한다. 주식이 일반적인 반등 상황 칸의 가장 최근 가격보

다 높은 가격에 거래될 가격을 일반적인 반등 상황 칸에 매일 빠지지 말고 기록한다.

d 일반적인 조정 상황 칸에 가격을 기록한 이후 6포인트 정도의 반등이 일어나면 가격을 일반적인 반등 상황 칸에 기록하기 시작한다. 주식이 일반적인 반등 칸의 가장 최근 가격보다 높은 가격에 거래될 때 가격을 일반적인 반등 상황 칸에 매일 빠지지 말고 기록한다. 다만 가격이 상승추세 상황 칸의 가장 최근 가격보다 더 높을 때는 이를 상승추세 상황 칸에 기록한다.

e 일반적인 조정 상황 칸에 가격을 기록하기 시작했는데 그 가격이 하락추세 상황 칸의 가장 최근 가격보다 더 낮으면 그 가격은 하락추세 상황 칸에 빨간색으로 기록한다.

f 이와 마찬가지로 일반적인 반등 상황 칸에 가격을 기록할 때 그 가격이 상승추세 상황 칸의 가장 최근 가격보다 더 높을 때 가격을 일반적인 반등 상황 칸에 적지 말고 상승추세 상황 칸에 검은색으로 적는다.

g 일반적인 조정 상황 칸에 가격을 기록할 때 이 칸의 가장 최근 가격에서 6포인트 정도 반등이 일어난 경우, 이때 이 가격이 일반적인 반등 상황 칸의 가장 최근 가격보다 낮은 수준이라면 2차 반등 상황 칸에 기록한다. 이 가격이 일반적인 반등 상황 칸의 가장 최근 가격을 초과할 때까지 계속해서 이를 2

차 반등 상황 칸에 기록한다. 그런 일이 일어날 때마다 일반적인 반등 상황 칸에 다시 기록을 계속한다.

h 일반적인 반등 상황 칸에 가격을 기록할 때 이 칸의 가장 최근 가격에서 6포인트 정도 조정이 일어난 경우, 이때 가격이 일반적인 반등 상황 칸의 가장 최근 가격보다 높다면 이 가격은 2차 조정 상황 칸에 기록한다. 가격이 일반적인 조정 상황 칸의 가장 최근 가격보다 낮아질 때까지 계속해서 이를 2차 조정 상황 칸에 기록한다. 그런 일이 일어날 때마다 일반적인 반등 상황 칸에 다시 기록을 계속한다.

7 개별 주식은 6포인트가 기준이지만 핵심 가격은 12포인트가 기준이라는 점을 제외하면 핵심 가격을 기록할 때도 같은 원칙을 적용한다.

8 일반적인 반등 상황 칸 혹은 일반적인 조정 상황 칸에 가격을 기록하기 시작하면 하락추세 상황 칸 혹은 상승추세 상황 칸에 기록한 가장 최근 가격이 전환점이 된다. 반등 혹은 조정이 끝난 다음 다시 하락추세 상황 칸 혹은 상승추세 상황 칸에 기록하기 시작한다. 이때 이전 칸에 기록된 극점은 또 다른 전환점이 된다.

2개의 전환점이 형성된 이후에는 이러한 기록들이 다음에

올 중요한 움직임을 정확히 예측하는 중요한 역할을 한다. 이러한 전환점은 아래 빨간색 혹은 검은색으로 두 줄을 그어 알아보기 쉽도록 한다. 계속 주의하기 위해 선을 긋는 것이며 가격이 둘 중 어느 한 전환점이나 그 근처에 도달할 때마다 상황을 면밀히 살펴야 한다. 그다음부터 가격이 어떻게 기록되느냐에 따라 어떤 행동을 할지 결정할 수 있다.

9 - a 하락추세 상황 칸에 빨간색으로 기록된 가장 최근 가격 밑에 검은색 줄이 있으면 이 지점 근처에서 매수를 하라는 신호다.

b 일반적인 반등 상황 칸에 기록된 가장 최근 가격 밑에 검은색 줄이 있고 다음 반등에서 주가가 전환점 가격에 근접한다면 시장이 상승추세로 바뀔 정도로 강한 반등인지 확인해야 한다.

c 그 반대의 상황도 마찬가지인데, 상승추세 확인 칸에 기록된 가장 최근 가격 밑에 빨간색 줄이 있고 일반적인 조정 상황 칸의 가장 최근 가격 밑에 빨간색 줄이 있을 때 역시 위와 동일한 원칙이 적용된다.

10 - a 이 기법은 일반적인 반등 혹은 조정이 일어난 다음 주가가 예상했던 방향으로 가고 있는지를 확실히 확인할 수 있도록 만들어졌다. 반등 혹은 조정 이후 주가가 예상했던 방향

대로 상승 혹은 하락한다면 이전 전환점을 돌파할 것이다. 개별 주식을 기준으로 3포인트, 핵심 가격 기준으로 6포인트가 움직이는 것이다.

b 만일 주가가 전환점을 돌파하지 못하고 조정 국면에서 상승추세 상황 칸의 빨간색 밑줄이 있는 가장 최근의 전환점보다 3포인트 이상 가격이 낮다면 이 주식의 상승추세가 끝났다는 신호다.

c 하락추세도 같은 원칙이 적용된다. 일반적인 반등이 끝난 후에 새로운 가격을 하락추세 상황 칸에 기록할 때마다 이 새로운 가격은 검은색 밑줄이 있는 가장 최근의 전환점보다 3포인트 이상 가격이 낮다면 이 주식의 하락추세가 다시 시작되었다는 신호다.

d 만일 주가가 전환점을 돌파하지 못하고 반등 국면에서 하락추세 상황 칸의 검은색 밑줄이 있는 가장 최근의 전환점보다 3포인트 이상 가격이 높다면 이 주식의 하락추세가 끝났다는 신호다.

e 일반적인 반등 상황 칸에 가격을 기록할 때 만일 상승추세 상황 칸의 빨간색 밑줄이 있는 가장 최근의 전환 신호를 약간 밑도는 수준에서 빈등이 끝나고 주식이 그 가격에서 3포인트 이상 조정된다면 주식의 하락추세가 끝났다는 신호다.

f 일반적인 조정 상황 칸에 가격을 기록할 때 만일 하락추

세 상황 칸의 검은색 밑줄이 있는 가장 최근의 전환 신호를 약
간 웃도는 수준에서 반등이 끝나고, 주식이 그 가격에서 3포인
트 수준에서 조정되고 나서 주가가 이전 가격에서 3포인트 이
상 또 조정된다면 주식의 하락추세가 끝났다는 신호다.

리버모어 시장 핵심 분석에 대한
주가 기록표와 설명

CHARTS AND EXPLANATIONS FOR THE
LIVERMORE MARKET KEY

- 4월 2일, 일반적인 반등 상황 칸에 가격 기록 시작. 규칙 설명 6-B 참조. 하락추세 상황 칸에 적힌 가장 최근 가격에 검은색으로 밑줄. 규칙 설명 4-C 참조.

- 4월 28일, 일반적인 조정 상황 칸에 가격 기록 시작. 규칙 설명 4-D 참조.

Chart 1

CHART ONE

Date	SECONDARY RALLY	NATURAL RALLY	UPWARD TREND	DOWNWARD TREND	NATURAL REACTION	SECONDARY REACTION	SECONDARY RALLY	NATURAL RALLY	UPWARD TREND	DOWNWARD TREND	NATURAL REACTION	SECONDARY REACTION	SECONDARY RALLY	NATURAL RALLY	UPWARD TREND	DOWNWARD TREND	NATURAL REACTION	SECONDARY REACTION
		65 3/8						57						122 3/4				
				48 1/2							43 1/4					91 3/4		
		62 3/8						65 7/8						128				
				48 1/4							50 1/8						98 3/8	
1938								56 7/8										
DATE			U.S. STEEL						BETHLEHEM STEEL						KEY PRICE			
MAR 23				47							50 1/4						97 1/4	
24																		
25				44 3/4						46 3/4							91 1/2	
SAT 26				44						46							90	
28				43 5/8													89 5/8	
29				39 5/8						43							82 5/8	
30				39						42 1/2							81 1/8	
31				38						40							78	
APR 1																		
SAT 2		43 1/2						46 3/8						89 3/8				
4																		
5																		
6																		
7																		
8																		
SAT 9		46 1/2						49 3/4						96 1/4				
11																		
12																		
13		47 1/4												97				
14		47 1/2												97 1/4				
SAT 16		49						52						101				
18																		
19																		
20																		
21																		
22																		
SAT 23																		
25																		
26																		
27																		
28				43														
29				42 3/8						45							87 1/8	
SAT 30																		
MAY 2				41 1/2						49 1/4							85 3/4	
3																		
4																		

- 기록된 모든 가격들은 항상 앞서 있었던 전환점 확인을 위해 이전 표에서 가져온 것이다.

- 5월 5일에서 5월 21일까지는 가격 기록이 없다. 일반적인 조정 상황 칸에 기록된 가장 최근 가격보다 낮은 가격이 없었기 때문이다. 또한 기록을 할 만큼의 반등도 없었다.

- 5월 27일 베들레헴스틸 가격 빨간색으로 기록. 하락추세 칸에 기록된 이전 가격보다 낮은 가격에 형성됐기 때문이다. 규칙 설명 6-C 참조.

- 6월 2일 베들레헴스틸 43달러에서 매수. 규칙 설명 10-C 참조. 같은 날 U.S. 스틸은 42와 1/4달러에 매수. 규칙 설명 10-F 참조.

- 6월 10일 베들레헴스틸 가격 2차 반등 상황 칸에 기록. 규칙 설명 6-E 참조.

Chart 2

CHART TWO

	SECONDARY RALLY	NATURAL RALLY	UPWARD TREND	DOWNWARD TREND	NATURAL REACTION	SECONDARY REACTION	SECONDARY RALLY	NATURAL RALLY	UPWARD TREND	DOWNWARD TREND	NATURAL REACTION	SECONDARY REACTION	SECONDARY RALLY	NATURAL RALLY	UPWARD TREND	DOWNWARD TREND	NATURAL REACTION	SECONDARY REACTION
				38						40						78		
		49						52						101				
1938					41½						44¼						85¾	
DATE			U.S. STEEL						BETHLEHEM STEEL						KEY PRICE			
MAY 5																		
6																		
SAT. 7																		
9																		
10																		
11																		
12																		
13																		
SAT. 14																		
16																		
17																		
18																		
19																		
20																		
SAT. 21																		
23											44⅛						85⅝	
24											43½						85	
25					41⅜						42½						83⅞	
26					40⅛						40½						80⅝	
27					39⅞					39¾							79⅝	
SAT. 28																		
31					39¼												79	
JUNE 1																		
2																		
3																		
SAT. 4																		
6																		
7																		
8																		
9																		
10							46½											
SAT. 11																		
13																		
14																		
15																		
16																		

- 6월 20일 U.S. 스틸 가격 2차 반등 상황 칸에 기록. 규칙 설명 6-G 참조

- 6월 24일 U.S. 스틸과 베들레헴스틸 가격 상승추세 상황 칸에 검은색으로 기록. 규칙 설명 5-A 참조.

- 7월 11일 U.S. 스틸과 베들레헴스틸 가격 일반적인 조정 상황 칸에 기록. 규칙 설명 6-A와 4-A 참조.

- 7월 19일 U.S. 스틸과 베들레헴스틸 가격 상승추세 상황 칸에 검은색으로 기록. 이들 가격이 동일한 칸에 기록한 가장 최근의 가격보다 더 높았기 때문이다. 규칙 설명 4-B 참조.

Chart 3

CHART THREE

	SECONDARY RALLY	NATURAL RALLY	UPWARD TREND	DOWNWARD TREND	NATURAL REACTION	SECONDARY REACTION	SECONDARY RALLY	NATURAL RALLY	UPWARD TREND	DOWNWARD TREND	NATURAL REACTION	SECONDARY REACTION	SECONDARY RALLY	NATURAL RALLY	UPWARD TREND	DOWNWARD TREND	NATURAL REACTION	SECONDARY REACTION
				38						40						78		
		49						52						101				
					39 1/4					39 3/4							79	
1938							46 1/2											
DATE			U.S. STEEL						BETHLEHEM STEEL						KEY PRICE			
JUNE																		
SAT. 18																		
20	45 3/8						48 1/4						93 5/8					
21	46 1/2						49 7/8						96 3/8					
22	48 1/2						50 7/8						99 3/8					
23		51 1/4						53 1/4						104 1/2				
24			53 3/4						55 1/8						108 7/8			
SAT. 25			54 7/8						58 1/8						113			
27																		
28																		
29			56 7/8						60 1/8						117			
30			58 3/8						61 5/8						120			
JULY 1			59												120 5/8			
SAT. 2			60 7/8						62 1/2						123 3/8			
5																		
6																		
7			61 3/4												124 1/4			
8																		
SAT. 9																		
11					55 5/8						56 3/4						112 3/8	
12					55 1/2												112 1/4	
13																		
14																		
15																		
SAT. 16																		
18																		
19			62 3/8						63 1/8						125 1/2			
20																		
21																		
22																		
SAT. 23																		
25			63 1/4												126 3/8			
26																		
27																		
28																		
29																		

- 8월 12일 U.S. 스틸 가격 2차 조정 상황 칸에 기록. 가격이 일반적인 조정 상황 칸에 기록된 가장 최근 가격보다 낮지 않았기 때문이다. 같은 날 베들레헴스틸 가격 일반적인 조정 상황 칸에 기록. 가격이 일반적인 조정 상황 칸에 기록된 가장 최근 가격보다 낮았기 때문이다.
- 8월 24일 U.S. 스틸과 베들레헴스틸 가격 일반적인 반등 상황 칸에 기록. 규칙 설명 6-D 참조.
- 8월 29일 U.S. 스틸과 베들레헴스틸 가격 2차 조정 상황 칸에 기록. 규칙 설명 6-H 참조.

Chart 4

CHART FOUR

Date	SECONDARY RALLY	NATURAL RALLY	UPWARD TREND	DOWNWARD TREND	NATURAL REACTION	SECONDARY REACTION	SECONDARY RALLY	NATURAL RALLY	UPWARD TREND	DOWNWARD TREND	NATURAL REACTION	SECONDARY REACTION	SECONDARY RALLY	NATURAL RALLY	UPWARD TREND	DOWNWARD TREND	NATURAL REACTION	SECONDARY REACTION
			$61\frac{3}{4}$						$62\frac{1}{2}$						$124\frac{1}{4}$			
				$55\frac{1}{2}$							$56\frac{3}{4}$						$112\frac{1}{4}$	
			$63\frac{1}{4}$						$63\frac{1}{2}$						$126\frac{5}{8}$			
1938 DATE			U.S. STEEL						BETHLEHEM STEEL						KEY PRICE			
SAT. JUL. 30																		
AUG. 1																		
2																		
3																		
4																		
5																		
SAT. 6																		
8																		
9																		
10																		
11																		
12					$56\frac{5}{8}$						$54\frac{7}{8}$						$111\frac{1}{2}$	
SAT. 13					$56\frac{1}{2}$						$54\frac{5}{8}$						$111\frac{1}{8}$	
15																		
16																		
17																		
18																		
19																		
SAT. 20																		
22																		
23																		
24	$61\frac{5}{8}$						$61\frac{3}{8}$						123					
25																		
26	$61\frac{7}{8}$						$61\frac{1}{2}$						$123\frac{3}{8}$					
SAT. 27																		
29					$56\frac{1}{8}$						55						—	
30																		
31																		
SEPT. 1																		
2																		
SAT. 3																		
6																		
7																		
8																		
9																		
SAT. 10																		

- 9월 14일 U.S. 스틸 가격 하락추세 상황 칸에 기록. 규칙설명 5-B 참조. 같은 날 베들레헴스틸 가격 일반적인 조정 상황 칸에 기록. 빨간색 밑줄이 그어진 이전 가격보다 3포인트 낮은 수준에 이르지 않았기 때문에 계속해서 일반적인 조정 상황 칸에 기록. 9월 20일 U.S. 스틸과 베들레헴스틸 가격 일반적인 반등 상황 칸에 기록. U.S. 스틸에 대해서는 규칙 설명 6-C, 베들레헴스틸에 대해서는 규칙 설명 6-D 참조.

- 9월 24일 U.S. 스틸 가격 하락추세 상황 칸에 빨간색으로 기록. 이 칸에 기록된 새로운 가격임.

- 9월 29일 U.S. 스틸과 베들레헴스틸 가격 2차 반등 상황 칸에 기록. 규칙 설명 6-G 참조.

- 10월 5일 U.S. 스틸 가격 상승추세 상황 칸에 검은색으로 기록. 규칙 설명 5-A 참조.

- 10월 8일 베들레헴스틸 가격 상승추세 상황 칸에 검은색으로 기록. 규칙 설명 6-D 참조.

Chart 5

CHART FIVE

	SECONDARY RALLY	NATURAL RALLY	UPWARD TREND	DOWNWARD TREND	NATURAL REACTION	SECONDARY REACTION	SECONDARY RALLY	NATURAL RALLY	UPWARD TREND	DOWNWARD TREND	NATURAL REACTION	SECONDARY REACTION	SECONDARY RALLY	NATURAL RALLY	UPWARD TREND	DOWNWARD TREND	NATURAL REACTION	SECONDARY REACTION
			63¼						63⅛						126⅝			
					55½						54⅜						111⅛	
								61½						123⅜				
		61⅞																
1938						56⅛						55						
DATE			U.S. STEEL							BETHLEHEM STEEL						KEY PRICE		
SEPT. 12																		
13					54¼						53⅝						107⅞	
14				52							52½					104½		
15																		
16																		
SAT. 17																		
19																		
20		57⅝						58¼										
21		58												116¼				
22																		
23																		
SAT 24				51⅞							52					103⅞		
26				51⅛							51¼					102⅜		
27																		
28				50⅞							51					101⅞		
29	57⅛						57¾						114⅞					
30		59¼						59½						118¾				
SAT. OCT. 1		60¼						60						120¼				
3		60⅜						60⅜						120¾				
4																		
5			62					62							124			
6			63					63							126			
7																		
SAT. 8			64¼						64						128¼			
10																		
11																		
13			65⅜						65⅛						130½			
14																		
SAT 15																		
17																		
18																		
19																		
20																		
21																		
SAT. 22			65⅞						67½						133⅜			
24			66												133½			

• 11월 18일 U.S. 스틸과 베들레헴스틸 가격 일반적인 조정 상황 칸에 기록, 규칙 설명 6-A 참조.

Chart 6

CHART SIX

	SECONDARY RALLY	NATURAL RALLY	UPWARD TREND	DOWNWARD TREND	NATURAL REACTION	SECONDARY REACTION	SECONDARY RALLY	NATURAL RALLY	UPWARD TREND	DOWNWARD TREND	NATURAL REACTION	SECONDARY REACTION	SECONDARY RALLY	NATURAL RALLY	UPWARD TREND	DOWNWARD TREND	NATURAL REACTION	SECONDARY REACTION
1938			66						67 1/2						133 1/2			
DATE			U.S. STEEL						BETHLEHEM STEEL						KEY PRICE			
OCT. 25			66 1/8						67 7/8						134			
26																		
27			66 1/2						68 7/8						135 3/8			
28																		
SAT. 29																		
31																		
NOV. 1									69						135 1/2			
2																		
3									69 1/2						136			
4																		
SAT. 5																		
7			66 3/4						71 7/8						138 5/8			
9			69 1/2						75 3/8						144 7/8			
10			70						75 1/2						145 1/2			
SAT. 12			71 1/4						77 5/8						148 7/8			
14																		
15																		
16																		
17																		
18					65 1/8						71 7/8						137	
SAT. 19																		
21																		
22																		
23																		
25																		
SAT. 26					63 1/4						71 1/2						134 3/4	
28					61						68 3/4						129 3/4	
29																		
30																		
DEC. 1																		
2																		
SAT. 3																		
5																		
6																		
7																		
8																		

- 12월 14일 U.S. 스틸과 베들레헴스틸 가격 일반적인 반등 상황 칸에 기록. 규칙 설명 6-D 참조.

- 12월 28일 베들레헴스틸 가격 상승추세 상황 칸에 검은색으로 기록. 같은 칸에 기록된 이전의 최근 가격보다 높은 가격 형성.

- 1월 4일 리버모어 기법에 따라 새로운 시장 흐름 등장. 규칙 설명 10-A, 10-B 참조.

- 1월 12일 U.S. 스틸과 베들레헴스틸 가격 2차 조정 상황 칸에 기록. 규칙 설명 6-H 참조.

Chart 7

CHART SEVEN

DATE	SECONDARY RALLY	NATURAL RALLY	UPWARD TREND	DOWNWARD TREND	NATURAL REACTION	SECONDARY REACTION	SECONDARY RALLY	NATURAL RALLY	UPWARD TREND	DOWNWARD TREND	NATURAL REACTION	SECONDARY REACTION	SECONDARY RALLY	NATURAL RALLY	UPWARD TREND	DOWNWARD TREND	NATURAL REACTION	SECONDARY REACTION
			$71\tfrac{1}{4}$						$77\tfrac{5}{8}$						$148\tfrac{7}{8}$			
				61						$68\tfrac{3}{4}$						$129\tfrac{3}{4}$		
1938 DATE		U.S. STEEL						BETHLEHEM STEEL						KEY PRICE				
DEC 9																		
SAT 10																		
12																		
13																		
14		$66\tfrac{5}{8}$						$75\tfrac{1}{4}$						$141\tfrac{7}{8}$				
15		$67\tfrac{1}{8}$						$76\tfrac{3}{8}$						$143\tfrac{1}{2}$				
16																		
SAT 17																		
19																		
20																		
21																		
22																		
23																		
SAT 24																		
27																		
28		$67\tfrac{3}{4}$							78					$145\tfrac{3}{4}$				
29																		
30																		
SAT 31 / 1939																		
JAN 3																		
4		70							80						150			
5																		
6																		
SAT 7																		
9																		
10																		
11											$73\tfrac{3}{4}$							
12					$62\tfrac{5}{8}$						$71\tfrac{1}{2}$						$139\tfrac{1}{8}$	
13																		
SAT 14																		
16																		
17																		
18																		
19																		
20																		
SAT 21					62						$69\tfrac{1}{2}$						$131\tfrac{1}{2}$	

- 1월 23일 U.S. 스틸과 베들레헴스틸 가격 하락추세 상황 칸에 기록. 규칙 설명 5-B 참조.

- 1월 31일 U.S. 스틸과 베들레헴스틸 가격 일반적인 반등 상황 칸에 기록. 규칙 설명 6-C, 4-C 참조.

Chart 8

CHART EIGHT

Chart 8

	SECONDARY RALLY	NATURAL RALLY	UPWARD TREND	DOWNWARD TREND	NATURAL REACTION	SECONDARY REACTION	SECONDARY RALLY	NATURAL RALLY	UPWARD TREND	DOWNWARD TREND	NATURAL REACTION	SECONDARY REACTION	SECONDARY RALLY	NATURAL RALLY	UPWARD TREND	DOWNWARD TREND	NATURAL REACTION	SECONDARY REACTION
			$71\frac{1}{4}$						$77\frac{5}{8}$						$148\frac{7}{8}$			
		70		61				80		$68\frac{3}{4}$				150		$129\frac{3}{4}$		
1939					62						$69\frac{1}{2}$						$131\frac{1}{2}$	
DATE			U.S. STEEL						BETHLEHEM STEEL						KEY PRICE			
JAN. 23				$57\frac{7}{8}$						$63\frac{3}{4}$						$121\frac{5}{8}$		
24				$56\frac{1}{2}$						$63\frac{1}{4}$						$119\frac{3}{4}$		
25				$55\frac{5}{8}$						63						$118\frac{5}{8}$		
26				$53\frac{3}{4}$						$60\frac{1}{4}$						$113\frac{1}{2}$		
27																		
SAT. 28																		
30																		
31		$59\frac{1}{2}$						$68\frac{1}{2}$						128				
FEB. 1																		
2		60												$128\frac{1}{2}$				
3																		
SAT. 4		$60\frac{5}{8}$						69						$129\frac{5}{8}$				
6								$69\frac{7}{8}$						$130\frac{1}{4}$				
7																		
8																		
9																		
10																		
SAT. 11																		
14																		
15																		
16								$70\frac{3}{4}$						$131\frac{5}{8}$				
17		$61\frac{1}{8}$						$71\frac{1}{4}$						$132\frac{3}{8}$				
SAT. 18		$61\frac{1}{4}$												$132\frac{1}{2}$				
20																		
21																		
23																		
24		$62\frac{1}{4}$						$72\frac{3}{8}$						$139\frac{5}{8}$				
SAT. 25		$63\frac{3}{4}$						$74\frac{3}{4}$						$138\frac{1}{2}$				
27																		
28		$64\frac{3}{4}$						75						$139\frac{3}{4}$				
MAR. 1																		
2																		
3		$64\frac{7}{8}$						$75\frac{1}{4}$						140				
SAT. 4								$75\frac{1}{2}$						$140\frac{3}{8}$				
6																		
7																		

- 3월 16일 U. S. 스틸과 베들레헴스틸 가격 일반적인 조정 상황 칸에 기록 규칙 설명 6-B 참조.

- 3월 30일 U.S. 스틸 가격 하락추세 상황 칸에 기록. 하락추세 상황 칸에 기록된 이전 가격보다 낮은 가격 형성.

- 3월 31일 베들레헴스틸 가격 하락추세 상황 칸에 기록. 하락추세 상황 칸에 기록된 이전 가격보다 낮은 가격 형성.

- 4월 15일 U.S. 스틸과 베들레헴스틸 가격 일반적인 반등 상황 칸에 기록. 규칙 설명 6-C 참조.

Chart 9

CHART NINE

DATE	\[U.S. STEEL\] SEC. RALLY	NAT. RALLY	UPWARD TREND	DOWNWARD TREND	NAT. REACTION	SEC. REACTION	\[BETHLEHEM STEEL\] SEC. RALLY	NAT. RALLY	UPWARD TREND	DOWNWARD TREND	NAT. REACTION	SEC. REACTION	\[KEY PRICE\] SEC. RALLY	NAT. RALLY	UPWARD TREND	DOWNWARD TREND	NAT. REACTION	SEC. REACTION
				$53\frac{1}{4}$						$60\frac{1}{4}$						$113\frac{1}{2}$		
1939		$64\frac{7}{8}$						$75\frac{1}{2}$						$140\frac{3}{8}$				
DATE	U.S. STEEL						BETHLEHEM STEEL						KEY PRICE					
MAR 8		65												$140\frac{1}{2}$				
9		$65\frac{1}{2}$						$75\frac{7}{8}$						$141\frac{1}{8}$				
10																		
SAT 11																		
13																		
14																		
15																		
16				$59\frac{5}{8}$						$69\frac{1}{4}$						$128\frac{7}{8}$		
17				$56\frac{3}{4}$						$66\frac{3}{4}$						$123\frac{1}{2}$		
SAT 18				$54\frac{3}{4}$						65						$119\frac{3}{4}$		
20																		
21																		
22				$53\frac{1}{2}$						$63\frac{5}{8}$						$117\frac{1}{8}$		
23																		
24																		
SAT 25																		
27																		
28																		
29																		
30				$52\frac{7}{8}$						62						$114\frac{1}{8}$		
31				$49\frac{7}{8}$						$58\frac{3}{4}$						$108\frac{5}{8}$		
APR SAT 1																		
3																		
4				$48\frac{1}{4}$						$57\frac{5}{8}$						$105\frac{7}{8}$		
5																		
6				$47\frac{1}{4}$						$55\frac{1}{2}$						$102\frac{3}{4}$		
SAT 8				$45\frac{7}{8}$						$52\frac{1}{2}$						$97\frac{3}{8}$		
10																		
11				$44\frac{3}{4}$						$51\frac{5}{8}$						96		
12																		
13																		
14																		
SAT 15		50						$58\frac{1}{2}$						$108\frac{1}{2}$				
17																		
18																		
19																		

- 5월 17일 U.S. 스틸과 베들레헴스틸 가격 일반적인 조정 상황 칸에 기록. 다음날 5월 18일 U.S. 스틸 가격 하락추세 상황 칸에 기록. 규칙 설명 6-D 참조. 다음날 5월 19일 베들레헴스틸의 하락추세 칸에 빨간색 밑줄. 가격이 하락추세 상황 칸에 기록된 가장 최근 가격과 동일하다는 뜻.

- 5월 25일 U.S. 스틸과 베들레헴스틸 가격 2차 반등 상황 칸에 기록. 규칙 설명 6-C 참조.

Chart 10

CHART TEN

DATE	SECONDARY RALLY	NATURAL RALLY	UPWARD TREND	DOWNWARD TREND	NATURAL REACTION	SECONDARY REACTION	SECONDARY RALLY	NATURAL RALLY	UPWARD TREND	DOWNWARD TREND	NATURAL REACTION	SECONDARY REACTION	SECONDARY RALLY	NATURAL RALLY	UPWARD TREND	DOWNWARD TREND	NATURAL REACTION	SECONDARY REACTION
				$44\frac{3}{4}$						$51\frac{5}{8}$						96		
1939		50						$58\frac{1}{2}$						$108\frac{1}{2}$				
DATE		U.S. STEEL						BETHLEHEM STEEL						KEY PRICE				
APR 20																		
21																		
SAT 22																		
24																		
25																		
26																		
27																		
28																		
SAT 29																		
MAY 1																		
2																		
3																		
4																		
5																		
SAT 6																		
8																		
9																		
10																		
11																		
12																		
SAT 13																		
15																		
16																		
17			$44\frac{5}{8}$						52						$96\frac{5}{8}$			
18				$43\frac{3}{4}$												$95\frac{1}{4}$		
19																$94\frac{7}{8}$		
SAT 20																		
22																		
23																		
24																		
25	$48\frac{3}{4}$						$57\frac{3}{4}$						$106\frac{1}{4}$					
26	49						58						107					
SAT 27	$49\frac{5}{8}$						—						$107\frac{7}{8}$					
29		$50\frac{1}{4}$						$59\frac{3}{8}$						$109\frac{5}{8}$				
31		$50\frac{7}{8}$						60						$110\frac{7}{8}$				
JUNE 1																		

- 6월 16일 베들레헴스틸 가격 일반적인 조정 상황 칸에 기록. 규칙 설명 6-B 참조.
- 6월 28일 U.S. 스틸 가격 일반적인 조정 상황 칸에 기록. 규칙 설명 6-B 참조.
- 6월 29일 베들레헴스틸 가격 하락추세 상황 칸에 기록. 가격이 하락추세 상황 칸에 기록된 가장 최근 가격보다 낮게 형성.
- 7월 13일 U.S. 스틸과 베들레헴스틸 가격 2차 반등 상황 칸에 기록. 규칙 설명 6-G 참조.

Chart 11

CHART ELEVEN

Date	U.S. STEEL						BETHLEHEM STEEL						KEY PRICE					
	SECONDARY RALLY	NATURAL RALLY	UPWARD TREND	DOWNWARD TREND	NATURAL REACTION	SECONDARY REACTION	SECONDARY RALLY	NATURAL RALLY	UPWARD TREND	DOWNWARD TREND	NATURAL REACTION	SECONDARY REACTION	SECONDARY RALLY	NATURAL RALLY	UPWARD TREND	DOWNWARD TREND	NATURAL REACTION	SECONDARY REACTION
				$44\frac{1}{2}$						$51\frac{5}{8}$						96		
		50						$58\frac{1}{2}$						$108\frac{1}{2}$				
				$43\frac{1}{2}$						—						$94\frac{7}{8}$		
1939		$50\frac{7}{8}$						60						$110\frac{7}{8}$				
DATE																		
JUNE 2																		
SAT 3																		
5																		
6																		
7																		
8																		
9																		
SAT 10																		
12																		
13																		
14																		
15																		
16										54								
SAT 17																		
19																		
20																		
21																		
22																		
23																		
SAT 24																		
26																		
27																		
28				45						$52\frac{1}{2}$						$97\frac{1}{2}$		
29				$43\frac{3}{4}$						51						$94\frac{3}{4}$		
30 SAT				$43\frac{5}{8}$						$50\frac{1}{4}$						$93\frac{7}{8}$		
JULY 1																		
3																		
5																		
6																		
7																		
SAT 8																		
10																		
11																		
12																		
13	$48\frac{1}{4}$							$57\frac{1}{4}$						$105\frac{1}{2}$				
14																		

- 7월 21일 베들레헴스틸 가격 상승추세 상황 칸에 기록. 다음 날 7월 22일 U.S. 스틸 가격 상승추세 상황 칸에 기록. 규칙 설명 5-A 참조.

- 8월 4일 U.S. 스틸과 베들레헴스틸 가격 일반적인 조정 상황 칸에 기록. 규칙 설명 4-A 참조.

- 8월 23일 U.S. 가격 하락추세 상황 칸에 기록. 하락추세 상황 칸에 기록된 이전 가격보다 낮게 형성.

Chart 12

CHART TWELVE

	SECONDARY RALLY	NATURAL RALLY	UPWARD TREND	DOWNWARD TREND	NATURAL REACTION	SECONDARY REACTION	SECONDARY RALLY	NATURAL RALLY	UPWARD TREND	DOWNWARD TREND	NATURAL REACTION	SECONDARY REACTION	SECONDARY RALLY	NATURAL RALLY	UPWARD TREND	DOWNWARD TREND	NATURAL REACTION	SECONDARY REACTION
				43 1/4						51 5/8						94 7/8		
		50 7/8						60						110 7/8				
					43 5/8					50 1/4						93 7/8		
1939	48 1/4						57 1/4						105 1/2					
DATE			U.S. STEEL						BETHLEHEM STEEL						KEY PRICE			
SAT. JULY 15																		
17	50 3/4							60 5/8						111 1/8				
18		51 7/8						62						113 7/8				
19																		
20																		
21		52 1/2							63					115 1/2				
SAT. 22			54 1/8						65						119 1/8			
24																		
25			55 1/8						65 3/4						120 7/8			
26																		
27																		
28																		
SAT. 29																		
31																		
AUG. 1																		
2																		
3																		
4					49 1/2						59 1/2						109	
SAT. 5																		
7					49 1/4												108 3/4	
8																		
9											59						108 1/4	
10					47 3/4						58						105 3/4	
11					47												105	
SAT. 12																		
14																		
15																		
16																		
17					46 1/2												104 1/2	
18					45						55 1/8						100 1/8	
SAT. 19																		
21					43 3/8						53 3/8						96 3/4	
22																		
23				42 5/8													96	
24				41 5/8							51 7/8					93 1/2		
25																		

- 8월 29일 U.S. 스틸과 베들레헴스틸 가격 일반적인 반등 상황 칸에 기록. 규칙 설명 6-D 참조.

- 9월 2일 U.S. 스틸과 베들레헴스틸 가격 상승추세 상황 칸에 기록. 상승추세 상황 칸에 기록된 가장 최근 가격보다 높게 형성.

- 9월 14일 U.S. 스틸과 베들레헴스틸 가격 일반적인 조정 상황 칸에 기록. 규칙 설명 6-A, 4-A 참조.

- 9월 19일 U.S. 스틸과 베들레헴스틸 가격 일반적인 반등 상황 칸에 기록. 규칙 설명 6-D, 4-B 참조.

- 9월 28일 U.S. 스틸과 베들레헴스틸 가격 2차 조정 상황 칸에 기록. 규칙 설명 6-H 참조.

- 10월 6일 U.S. 스틸과 베들레헴스틸 가격 2차 반등 상황 칸에 기록. 규칙 설명 6-G 참조.

Chart 13

CHART THIRTEEN

	U.S. STEEL						BETHLEHEM STEEL						KEY PRICE				
SECONDARY RALLY	NATURAL RALLY	UPWARD TREND	DOWNWARD TREND	NATURAL REACTION	SECONDARY REACTION	SECONDARY RALLY	NATURAL RALLY	UPWARD TREND	DOWNWARD TREND	NATURAL REACTION	SECONDARY REACTION	SECONDARY RALLY	NATURAL RALLY	UPWARD TREND	DOWNWARD TREND	NATURAL REACTION	SECONDARY REACTION
			$43\frac{1}{4}$						$50\frac{1}{4}$						$93\frac{7}{8}$		
		$55\frac{1}{2}$						$65\frac{1}{4}$						$120\frac{7}{8}$			

1939 DATE — U.S. STEEL: $41\frac{7}{8}$ (DOWNWARD TREND); BETHLEHEM STEEL: $51\frac{7}{8}$ (DOWNWARD TREND); KEY PRICE: $93\frac{1}{2}$ (DOWNWARD TREND)

DATE	US SEC RALLY	US NAT RALLY	US UP	US DOWN	US NAT REACT	US SEC REACT	BE SEC RALLY	BE NAT RALLY	BE UP	BE DOWN	BE NAT REACT	BE SEC REACT	KEY SEC RALLY	KEY NAT RALLY	KEY UP	KEY DOWN	KEY NAT REACT	KEY SEC REACT
SAT AUG 26																		
28																		
29		48						$60\frac{1}{2}$						$108\frac{1}{2}$				
30																		
31																		
SEPT 1		52						$65\frac{1}{2}$						$117\frac{1}{2}$				
SAT 2			$55\frac{1}{4}$						$70\frac{3}{8}$						$125\frac{5}{8}$			
5			$66\frac{7}{8}$						$85\frac{1}{2}$						$152\frac{3}{8}$			
6																		
7																		
8			$69\frac{3}{4}$						87						$156\frac{3}{4}$			
SAT 9			70						$88\frac{3}{4}$						$158\frac{3}{4}$			
11			$78\frac{5}{8}$						100						$178\frac{5}{8}$			
12			$82\frac{3}{4}$												$182\frac{3}{4}$			
13																		
14					$76\frac{3}{8}$						$91\frac{3}{4}$						$168\frac{1}{8}$	
15																		
SAT 16					$75\frac{1}{2}$						$88\frac{3}{8}$						$163\frac{7}{8}$	
18					$70\frac{1}{2}$						$83\frac{3}{4}$						$154\frac{1}{4}$	
19	78							$92\frac{3}{8}$						$170\frac{3}{8}$				
20	$80\frac{5}{8}$							$95\frac{5}{8}$						$176\frac{1}{4}$				
21																		
22																		
SAT 23																		
25																		
26																		
27																		
28					$75\frac{1}{8}$						89						$164\frac{1}{8}$	
29					$73\frac{1}{2}$						$86\frac{3}{4}$						$160\frac{1}{4}$	
SAT 30																		
OCT 2																		
3																		
4					73						$86\frac{1}{4}$						$159\frac{1}{4}$	
5																		
6	$78\frac{1}{2}$							$92\frac{3}{4}$						$171\frac{1}{4}$				
SAT 7																		

- 11월 3일 U.S. 스틸 가격 2차 조정 상황 칸에 기록. 같은 칸에 기록된 가장 최근 가격보다 낮게 형성.

- 11월 9일 U.S. 스틸의 일반적인 조정 상황 칸에 (−) 표시. 같은 칸에 기록된 가장 최근 가격과 동일하게 형성. 같은 날 베들레헴스틸의 일반적인 조정 상황 칸에 새 가격 기록. 같은 칸에 기록된 가장 최근 가격보다 낮게 형성.

Chart 14

CHART FOURTEEN

	SECONDARY RALLY	NATURAL RALLY	UPWARD TREND	DOWNWARD TREND	NATURAL REACTION	SECONDARY REACTION	SECONDARY RALLY	NATURAL RALLY	UPWARD TREND	DOWNWARD TREND	NATURAL REACTION	SECONDARY REACTION	SECONDARY RALLY	NATURAL RALLY	UPWARD TREND	DOWNWARD TREND	NATURAL REACTION	SECONDARY REACTION
			82¾						100						182¾			
					70½						83¾						154¼	
		80⅝						95⅝						176¼				
						73						86¼						159¼
1939	78½						92¾						171¼					
DATE			U.S. STEEL						BETHLEHEM STEEL						KEY PRICE			
OCT. 9																		
10																		
11																		
13																		
SAT. 14																		
16																		
17	78⅞						93⅞						172¾					
18	79¼												173½					
19																		
20																		
SAT. 21																		
23																		
24																		
25																		
26																		
27																		
SAT. 28																		
30																		
31																		
NOV. 1																		
2																		
3						72½												
SAT. 4																		
6																		
8						72⅛						86⅛						158¼
9					—						83¼						153¾	
10					68¾						81¾						150½	
13																		
14																		
15																		
16																		
17																		
SAT. 18																		
20																		
21																		
22																		

- 11월 24일 U.S. 스틸 가격 하락추세 상황 칸에 기록. 규칙 설명 6-E 참조, 그리고 다음날 11월 25일 베들레헴스틸 가격 하락추세 상황 칸에 기록. 규칙 설명 6-E 참조.

- 12월 7일 U.S. 스틸과 베들레헴스틸 가격 일반적인 반등 상황 칸에 기록. 규칙 설명 6-C 참조.

Chart 15

CHART FIFTEEN

	SECONDARY RALLY	NATURAL RALLY	UPWARD TREND	DOWNWARD TREND	NATURAL REACTION	SECONDARY REACTION	SECONDARY RALLY	NATURAL RALLY	UPWARD TREND	DOWNWARD TREND	NATURAL REACTION	SECONDARY REACTION	SECONDARY RALLY	NATURAL RALLY	UPWARD TREND	DOWNWARD TREND	NATURAL REACTION	SECONDARY REACTION
			82¾						100						182¾			
					70½						83¾						154¼	
		80⅝						95⅝						176¼				
1939					68¾						81¾						150½	
DATE			U.S. STEEL						BETHLEHEM STEEL						KEY PRICE			
NOV 24				66⅞							81					147⅞		
SAT 25										80¾						147⅝		
27																		
28																		
29				65⅞						78⅛						144		
30				63⅝						77						140⅝		
DEC. 1																		
SAT. 2																		
4																		
5																		
6																		
7		69¾						84						153¾				
8																		
SAT. 9																		
11																		
12																		
13																		
14								84⅞						154⅝				
15																		
SAT. 16																		
18																		
19																		
20																		
21																		
22																		
SAT 23																		
26																		
27																		
28																		
29																		
SAT. 30																		
1940 JAN. 2																		
3																		
4																		
5																		
SAT. 6																		

- 1월 9일 U.S. 스틸과 베들레헴스틸 가격 일반적인 조정 상황 칸에 기록. 규칙 설명 6-B 참조.

- 1월 11일 U.S. 스틸과 베들레헴스틸 가격 하락추세 상황 칸에 기록. 하락추세 상황 칸에 기록된 가장 최근 가격보다 낮게 형성.

- 2월 7일 베들레헴스틸의 일반적인 반등 상황 칸에 가격 기록. 첫날 가격이 6포인트 반등. 다음날 U.S. 스틸과 베들레헴스틸 가격 기록. 핵심 가격 역시 반등하면서 기록.

Chart 16

CHART SIXTEEN

Date	SECONDARY RALLY	NATURAL RALLY	UPWARD TREND	DOWNWARD TREND	NATURAL REACTION	SECONDARY REACTION	SECONDARY RALLY	NATURAL RALLY	UPWARD TREND	DOWNWARD TREND	NATURAL REACTION	SECONDARY REACTION	SECONDARY RALLY	NATURAL RALLY	UPWARD TREND	DOWNWARD TREND	NATURAL REACTION	SECONDARY REACTION
			63 5/8						77						140 5/8			
1940		69 3/4						84 7/8						154 5/8				
		U.S. STEEL						BETHLEHEM STEEL						KEY PRICE				
JAN.8																		
9				64 1/4						78 1/2						142 3/4		
10				63 3/4												142 1/4		
11				62						76 1/2						138 1/2		
12				60 1/8						74 7/8						134 1/4		
SAT.13				59 5/8						73 1/2						133 1/8		
15				57 1/2						72						129 1/2		
16																		
17																		
18				56 7/8						71 1/2						128 3/8		
19										71						127 7/8		
SAT.20																		
22				55 7/8						70 1/8						126		
23																		
24																		
25																		
26																		
SAT.27																		
29																		
30																		
31																		
FEB.1																		
2																		
SAT.3																		
5																		
6																		
7								76 3/4										
8		61						78						139				
9		61 3/4						79 1/2						141 1/4				
SAT.10																		
13																		
14																		
15																		
16				56 1/8														
SAT.17																		
19																		

제시 리버모어의 연보

1877년 7월 26일_ 미국 매사추세츠주 뉴잉글랜드의 가난한 농부의 아들로 태어남.

1891년 학업을 그만두고 농사일을 도우라는 아버지의 말에 가출(14세), 보스턴 페인 웨버 증권사
에서 주가 시세를 적는 초크보이로 일함.

1892년 초크보이로 일하며 주가에 흐름이 있다는 것을 깨달음(15세). 동료 빌리와 함께 투자해
3.12달러의 첫 수익을 시작으로 투기자의 길을 가기로 함.

1897년 일명 '몰빵소년'으로 사설거래소 위험인물로 찍히고 나서 뉴욕증권사로 진출. 사설거래소
매매방식으로 월가에서 거래하다 결국 파산함. 첫 번째 파산!

1900년 네티 조던과 첫 번째 결혼.

1901년 노던퍼시픽 철도회사에 투자해 5만 달러의 수익을 올림. 공매도를 했으나 급락하여 그동
안 벌어들였던 수익을 모두 잃음. 두 번째 파산!

1877   1891   1892   1897   1900   1901

Jesse Livermore's Life Timeline

1902년 사설거래소에서 다시 재기.

1906년 유니온퍼시픽 주식 공매도로 26만 달러의 수익을 올림.

1907년 니커보커 패닉에서 공매도로 하루에 300만 달러의 수익을 올림.
1907년 《월스트리트 매거진Magazine of Wall Street》 창간.

1908년 면화와 밀 선물시장에서 물타기 실패로 100만 달러의 손실. 세 번째 파산!

1914년 제1차 세계 대전으로 인하여 7월 말부터 12월 중순까지 뉴욕증권거래소가 폐쇄됨.

1915년 베들레헴스틸에 투자했으나 루시타니아호 사건으로 시장이 폭락하고 나서 잔고가 14만
        달러로 쪼그라듦.

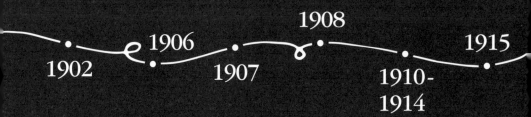

제시 리버모어의 연보

1916년 강세장일 때 선도주를 계속해서 매수하고, 약세장에서 공매도로 300만 달러의 수익을 거둠.

1917년 파산할 것 같아 첫 번째 부인 네티에게 선물로 준 보석을 팔자고 이야기했으나 거절당함. 별거하다 결국 이혼.

1918년 아름다운 무용수인 도로시 웬트와 두 번째 결혼.

1919년 첫째 아들 제시 주니어 리버모어가 태어남.

1922년 8월 《월스트리트 매거진》의 편집장이자 발행인 리처드 와이코프와 제시 리버모어의 대담이 이루어짐. 와이코프는 1920년대 리버모어를 인터뷰한 것을 바탕으로 『제시 리버모어 투자의 기술』을 출간함.

1923년 둘째 아들 폴 리버모어가 태어남.

1924년 밀 선물시장에서 300만 달러 수익을 실현.

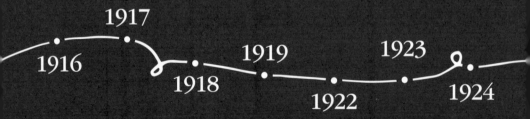

Jesse Livermore's Life Timeline

1925년 밀 선물시장에서 1000만 달러 수익을 실현.

1929년 월스트리트의 대폭락에도 공매도로 1억 달러의 이익을 실현해 '월스트리트의 큰 곰'이라고 불림.

1932년 끊임없는 여성 편력으로 인하여 남편을 믿지 못한 도로시 웬트와 이혼.

1933년 해리엇 매츠와 세 번째 결혼.

1934년 상승세 시장에서 과도한 레버러지와 공매도로 모든 재산을 잃음. 네 번째 파산!

1939년 재정 자문 사업을 시작함.

1940년 『제시 리버모어 투자의 원칙』을 출간했으나 판매 저조. 11월 28일 예전 같지 않은 매매 실력과 함께 고질병이었던 우울증으로 맨해튼 세리 네덜란드 호텔에서 권총으로 생을 마감함.

제시 리버모어
투자의 원칙

초판 1쇄 발행 2022년 9월 20일
초판 6쇄 발행 2024년 11월 15일

지은이 제시 리버모어
옮긴이 우진하
감수자 박병창
펴낸이 김선준

편집이사 서선행
편집4팀 송병규, 이희산
마케팅팀 권두리, 이진규, 신동빈
홍보팀 조아란, 장태수, 이은정, 권희, 유준상, 박미정, 이건희, 박지훈
디자인 김세민   **표지 일러스트** 김옥
경영관리팀 송현주, 권송이, 정수연

펴낸곳 페이지2북스   **출판등록** 2019년 4월 25일 제 2019-000129호
주소 서울시 영등포구 여의대로 108 파크원타워1. 28층
전화 02) 2668-5855   **팩스** 070) 4170-4865
이메일 page2books@naver.com
종이 ㈜월드페이퍼   **인쇄·제본** 한영문화사

ISBN 979-11-90977-77-7 04320
       979-11-90977-97-5 04320(세트)